작은 예배

(주)죠이북스는 그리스도를 대신한 사신으로
문서를 통한 지상 명령 성취와 하나님 나라 확장을 위해 노력합니다

작은 예배자
© 2011 민호기

이 책의 저작권은 저자와 (주)죠이북스에 있습니다. 신 저작권법에 의하여 한국 내에서 보호
받는 저작물이므로 무단 전재와 무단 복제를 금합니다.

작은 예배자

민호기 지음

이렇게 살아야 한다 삶으로 보여주신
아버지 민충남 장로, 어머니 박정숙 권사께,
이렇게 살아야 한다 삶으로 보여줘야 할
두 아들, 지음^{知音}과 이음^{理音}에게,
물처럼 내 곁을 흐르며 나를 품어주는 큰 강,
아내 전수현에게 바칩니다.

작은 예배자

나는 키가 작다.
몸무게도 작다.
마음도 작다.
지식도 작다.
재산도 작다.
돌아보니 뭐 하나 큰 게 없다.
이런 작은 나에게 주인은 크고도 광대한 그분의 일을 참 많이도 맡겨주셨다. 그 일은 너무도 벅차 내 작은 힘이 도무지 미치질 못하며, 그 일은 너무도 거룩하고 순결하여 추하고 더러운 내가 잘하려고나마 이에 개입하는 순간 그분의 아름다운 것마저 때 묻히거나 훼손하는 건 아닌가 염려가 앞서며, 그 일은 너무도 완전하여서 평생을 드려도 다다르지 못할까 두렵고 떨리기만 한다.
그리하여 나는, 주인 앞에 도리어 작아지려 한다. 그런 나의 작음을 결코 작다 여기지 아니하시는, 그분은 진정 크신 분이다.

큰 돈, 큰 집, 큰 차, 큰 키, 큰 인기, 큰 권력, 큰 교회, 큰 부흥……. 큰 것만 쫓는 세상 속에서 나는 더욱 작아지기 원한다. 내 주님만 높아지시도록.

그분 앞에 '작은 예배자'가 되어, 나의 '작은 예배'를 올려 드린다. 감히.

contents

추천사	9
전주곡	13
Track 1. 나의 예배	17
Track 2. 이 길 끝까지	33
Track 3. 할렐루야 echo	45
간주곡 1. 주일, 대예배, 준비찬송 유감	61
Track 4. 잠잠하라	63
간주곡 2. 폭풍우를 통과하는 가장 멋진 방법	75
Track 5. 속 사람	77
Track 6. 하나님의 거룩 앞에	93
Track 7. Amazing	107
Track 8. 나 노래하리라	121
간주곡 3. 노래, 노래하는 사람, 노래하는 마음	135

track 9. 대.답.	141
track 10. p.m.23	155
track 11. 당신은 하나님의 사람	177
track 12. 이곳에 이 땅 위에	197
간주곡 4. 지방사역자로 살아가기, 살아남기	212
track 13. 나를 보내소서	217
track 14. 작은 예배자	231
간주곡 5. 발효인가, 부패인가	248
그 다음 이야기. 하늘소망…다시 처음으로, 다시 처음부터	251
피날레	259
앙코르	265

추천사

저는 다윗처럼 노래하고 글을 쓰는, 그러니까 이중언어를 구사하는 싱어를 꽤나 오랫동안 기다려왔습니다. 또한 시편처럼 하늘의 하나님을 노래하면서도 지상의 일상을 노래하는 CCM을 바라고 바랐습니다. 저는 그런 가수가 민호기일 것이라는 예감과 바람을 품었습니다. 그게 틀리지 않았다는 증거가 바로 이 책입니다. 노래하는 감성과 글을 쓰는 지성을 고루 겸비한 이 사람, 민호기를 오래도록 주목하게 될 것임이 틀림없습니다.

김기현 목사(신학자/로고스 교회)

20년 넘게 사역의 길을 걸으면서 우리나라 찬양 사역자들을 향해 하고 싶었던 얘기는 자신이 하고 있는 사역에 대해 투자하고 공부하는 사역자가 되어야 한다는 것입니다. (쉽게 얘기한다면 책과 음반을 사서 읽고 공부하며, 적어도 10년 넘게 한길을 걸으며 사역하고 있는 사역자라면 책 한 권은 써야 한다는 것입니다.) 우리에게 음반을 통해 잘 알려진 마이클 카드, 마이클 W. 스미스, 예배인도자 앤디 팍, 매트 레드맨 등을 보면서 그들이 삶과 사역의 영역에서 하나님 앞에서 배운 내용을 책으로 써서 나누고 있다는 것에 도전 받습니다. 언젠가 민호기 목사의 집을 방문했을 때 그의 방을 가득 채운 책과 음반을 보며, 그는 하나님 앞에서 끊임없이 겸손하게 배우며 자라가기를 힘쓰는 열정적인 사역자임을 알게 되었습니다. 그리고 그 열매 중 하나가 이 책이라고 생각합니다. 이 책에는 음반을 통해 다 담을 수 없었던 민호기 목사의 삶과 사역 여정이 담겨 있습니다. 사역 현장에서의 고민, 하나님 앞에서 삶으로 배워온 사역의 원리를 자신을 열어 진솔하게 나누고 있습니다. 우리는 이 책을 통해 한 사람의 사역자가 빚어지는 과정을 엿볼 수 있습니다. 하나님 앞에 선 작은 예배자를 만나게 될 것입니다.

박철순 간사(어노인팅)

어떤 이의 삶과 고백의 진정성은 그 사람의 삶을 곁에서 직접 목격한 사람만이 가장 정확히 증명할 수 있습니다. 저는 지난 20여 년 동안 친구로, 12년 동안 소망의 바다로 민호기 목사와 함께해 왔습니다. 무엇보다 이 책에 담긴 내용이 그동안 제가 곁에서 알고 지낸 그의 생각, 모습과 다르지 않아 참으로 감동입니다.

마치 오랜만에 고향을 방문한 사람이 고향이 옛 모습 그대로여서 또한 그대로이지 않고 더 멋지게 발전하여서 감격하듯이, 그 또한 그대로여서 또한 그대로이지 않아 친구로서 동역자로서 참 감격스럽습니다.

저자의 표현대로 머리가 아닌 가슴으로 써내려간 이 책의 영적 생명력이 독자들의 머리가 아닌 가슴으로 흘러들어가길 소망합니다. 또한 다른 어떤 내용보다 예배자의 현장으로 가득 매워져 있는 이 아름다운 책이 영적 기갈로 신음하고 있는 이 시대 예배의 현장을 다시 살려내는 큰 역할을 감당해내리라 확신합니다.

전영훈 목사(소망의 바다)

세상은 예나 지금이나 변함없는 듯 보입니다. 그것은, '성공하고 싶은가? 유명해지고 싶은가? 그렇다면, 높아지라. 괄목할 만한 성과를 보여내라. 자기 PR 시대이다. 필요하다면 네거티브라도 쓰면서, 수단과 방법을 가리지 말라'는 원리였습니다. 그리고 어쩌면 그 공정하지 못한 원칙이 세상에서는 잘 통하기도 하는 것 같습니다.

그러나 여기 자신의 작음을 노래하고 자랑하고 싶어하는 한 '작은 거인'이

있습니다. 그는 하나님이 중심을 살피는 분이요, 교만한 자를 대적하시고 (그렇습니다. 성경에선 분명 대적이란 단어를 썼습니다) 겸손한 자를 높여주시는 분임을 아는 거인입니다.
사도 바울이 "약함을 자랑했다"면, 민호기 목사는 "그의 작음"을 노래하기 때문에, 그는 결코 하나님 앞에서 작지 않은 사람일 것입니다. 이 책이 읽는 우리 모두를 작아짐의 기쁨의 자리로 이끌어줄 것입니다.

천관웅 목사(뉴사운드 교회)

어떤 가수는 노래만 불렀으면 하는 아쉬움을 갖게 합니다. 인터뷰하는 모습과 그 내용에서 뭔지 모를 실망감을 주기 때문입니다. 그런데 민호기 목사의 책 「작은 예배자」를 읽고, 나는 그를 더 좋아하게 되었습니다. 더 사랑하게 되었고, 후배이지만 그를 존경하게 되었습니다.
「작은 예배자」는 그의 내면을 매우 솔직하게 보여줍니다. 그래서 이 책은 겸손합니다. 또한 진실합니다. 그래서 아름답습니다.
우리는 이 책에서 자신의 모습을 보게 됩니다. 하나님 앞에서 몸부림치는 '또 다른 작은 예배자'를…….

최덕신 전도사(찬양사역자)

제가 참으로 사랑하고 존경하는 사람, 작은 거인 민호기 형제의 「작은 예배자」라는 이 책이 세상에 출간되기 전에 미리 원고 전문을 읽었습니다. 처음엔 대충 줄거리만 살펴보려다가 그 자리에서 단숨에 마지막까지 읽었습니다. 제 가슴이 뜨거워졌고, 제 영혼에 말할 수 없는 즐거움이 가득해졌습니다.
세상 노래들은 감미롭고 매력적인 멜로디와 그에 어울리는 가사만으로도 크게 유행할 수 있습니다. 그러나 교회의 노래들은 전혀 그렇지 않습니다. 그 노래를 만든 이의 살아 있는 고백이 아니라면 잠깐 반짝하고 유행

(?)할 수 있을지는 몰라도 오랫동안 두고두고 성도의 입에서 불릴 수 없으며, 또한 그 노래를 통해 능력도 일어나지 않습니다. 그것은 오랜 세월에 걸쳐 검증된 사실입니다.

저는 이 책을 읽으며, 민호기 형제의 노래들이 단순히 문학적이나 음악적인 작품이 아니라 그의 생생한 삶의 고백이라는 것을 다시 한 번 알았습니다. 그래서 지금까지 그의 노래들이 그렇게 생명력 있고 영향력 있게 불렸던 것이고, 앞으로도 틀림없이 그럴 것입니다.

이 책은 동명의 음반과 함께하기에 한 곡 한 곡을 차례로 들으면서 책을 읽어나가면 노래는 노래대로, 글은 글대로 더욱더 커다란 감동을 확실히 선사해 줄 것입니다. 그리고 책에는 하나하나 밑줄을 그어가며 깊이 묵상해야 할 천금같은 문장이 도처에 널려 있습니다. 단순히 문학적인 수사가 아니라 글쓴이의 가슴 속에서 흘러나온 고백이기에 더욱 감동이 됩니다. 우리 조국의 교회에 이런 귀한 책과 음반이 나오게 된 것에 흥분이 됩니다.

최용덕 간사(낮해밤달)

노래들은 저마다 태어나게 되는 동기가 있기 마련입니다. 기쁨이 노래로 자라기도 하고, 외로움이 노래로 맺히기도 하고, 감동이 노래로 흐르기도 하고, 허무가 노래로 번지기도 하지요.

저는 민호기 목사가 참 노래의 의미를 찾는 사람이라고 믿습니다. 안경 너머로 비치는 그의 눈매와 깊은 마음이 찾고 또 찾는 그 참 노래가 무엇인지 우린 이 책을 통해 읽고 배울 수 있을 것입니다. 기대가 큽니다.

한웅재 목사(꿈이 있는 자유)

전주곡 Prelude

세 가지 명언이 글을 쓰려는 내 앞을 막아선다.

글을 쓰는 것은 쉬운 일이다. 이마에 피땀이 맺힐 때까지 그저 텅 빈 종이를 바라보고 앉아 있기만 하면 되니까. - 진 파울러

때때로 우리는 석공이 되고 싶은 때가 있다. 돌을 깨는 데는 의심이 깃들 여지가 없다. 그러나 글을 쓸 때는 페이지마다 의심과 두려움, 캄캄한 공포가 있다. - 조셉 콘라드

내가 글을 쓰기 위해 이용하는 종이가 적어도 그것을 만들어낸 나무와 같은 가치를 가지기를 바랄 뿐이다. - 마리아 리고니 슈테른

세 가지 말씀을 의지해 나는 다시 써 내려간다.

"왕이 스스로 작다 여길 그 때에 이스라엘 지파의 머리가 되지 아니하셨나이까"(삼상 15:17).

사울의 실패는 내게 거울이 되어준다.

"종은 작은 아이라"(왕상 3:7).

솔로몬의 데뷔는 화려하지 않았다.

"그는 흥하여야 하겠고 나는 쇠하여야 하리라"(요 3:30).

세례 요한의 결단은 내 무릎을 일으켜 세운다.

나는 실제로도 외소한 사람이지만 내 내면 역시 작은 사람이라는 사실을 순간마다 깨닫는다. 인생길을 걸으면 걸을수록, 하나님을 알면 알수록, 그분의 일을 섬기면 섬길수록 내 무익함을 보게 된다. 겸손을 가장하거나 그럴듯해 보이고자 하는 말이 아니라 진실로 솔직한 고백이다. C. S. 루이스는 명저 「고통의 문제」 홍성사의 머리말에 이렇게 적었다.

주저 없이 고백하지만, 저는 이 책을 쓰는 내내 저 훌륭한 월터 힐튼의 말처럼 "내 말이 주는 참된 인상과 실제 내 모습이 너무나 동떨어져 있다는 느낌 때문에, 오직 소리를 높여 자비를 구하며 있는 힘껏 그렇게 되기를 갈망하는 수밖에" 없었습니다.

'내가 아무것도 아니라는 것을 아는 것'에서 이 책은 시작된다. 어

린 시절부터 책을 좋아한 나는, 사실 노래하는 사람으로서 음반을 만드는 것보다 책을 쓰는 것을 더 큰 목표로 두고 살아온 것 같다. 몇 번 시도하다가 때가 아니란 판단에 그만둔 적도 많았다. 그러다가 대략 방향을 잡아두고 틈틈이 써오던 내용을 다 접고 전혀 다른 방향에서 새롭게 쓰기 시작한 것이 바로 이 글이다. 애초의 생각은 찬양사역의 현실과 가능성 그리고 방향성에 대한 좀 더 학문적인 글을 쓰는 것이었다. 그러나 음악사역 전반에 대한 조명과 비판, 혹은 다른 사역자에 대한 판단을 중지하는 대신, 찬양사역을 하며 걸어온 내 모습을 있는 그대로 드러내어 한국 음악사역의 현 위치의 일부를 보이고자 한다.

해서, 이 책은 말 그대로 잡설이다. 음악적인 이야기를 늘어놓다가 돌연 '설교'조로 바뀌기도 하고, 여기저기서 훌륭한 말과 글을 옮겨오다가 지극히 개인적인 간증으로 빠지기도 하고, 저널리즘을 견지하는 듯하다가 일상적인 경험담과 단상으로 슬그머니 자리를 옮기기도 한다. 아직 제대로 정리되지 못한 채 여러모로 서투른, 이 모든 게 바로 나다. 표현하자면 내 서재에 꽂혀 있는 다양한 종류의 음반과 책과 영화로부터 세례를 받았다. 그 모두가 나의 스승이다.

부끄러울 정도로 인용이 많아 각주와 참고문헌 목록 표기를 포기했을 정도다. 결국 나를 만든 건 내가 아니라 또 다른 누군가들이다. 모나고 편협하고 부족한 내 곁을 지켜주는 사람들. 그들 모두가 나의 스승이다. 여기에 기록한 모든 이야기는 그들에게 빚을 지고 있다. 다소 과장되고 부풀려지거나, 철저히 나 중심의 시각으로 윤색되기 쉬운 이야기도 더러 있음에 미리 양해를 구한다.

전주곡

이 책은 또 동명의 음반과 함께 만들었다. 책에 있는 14개의 장이 음반에서는 14곡의 노래가 되었다. 노래 한 곡에 다 담을 수 없는 숨은 이야기를 글로 풀어냈다. 장광설로 다 표현 못할 깊은 것은 노래로 함축했다. 노래를 들으며 함께 글을 읽는다면 더 많은 것을 얻게 되리라 생각한다.

분에 넘치는 추천의 글을 적어주신 귀한 하나님의 사람들께, 늘 거기서, 거기 계신 하나님을 예배하는 찬미워십 식구들과 찬미목요예배 가족들에게, 사역 현장에서 만난 동역자와 예배자에게, 그대들에게 참된 예배를 배웠노라 말씀드리고 싶다.

길이 되어주신, 혹은 함께 길을 만들고 있는 존경하는 선후배동료 사역자님들께.

'가르침'은 곧 '배움'임을 알게 해준 또 다른 스승인 사랑하는 제자들께.

처음 가보는 길에 대한 설렘과 두려움을 잘 이끌어 주신, 내 오랜 꿈이 이루어질 수 있도록 시작과 끝을 함께해 주신 죠이선교회 출판부 간사님 모두에게.

이 설익은 글을 읽고 계신 바로 당신께도 마음 깊이 감사를 드린다. Think와 Thank는 같은 어원이라더니, 과연 생각할수록 감사할 수밖에 없다.

존경해 마지않는 본회퍼의 입을 빌어 내 하나님께 감사드린다.
"오, 하나님 저는 당신의 것입니다."

2011년 너머 가을
작은 예배자 민호기 목사

track 1

나의 아빠

'예배는 개인적인가, 공적인 것인가?'라는 질문을 내 안에 띄워보는 것으로 글을 시작하려 한다. 우리가 지금껏 살아오며 드려온 수많은 예배 가운데 결국 나를, 내 생각을, 내 삶을 바꿔놓은 건 철저히 개인적인 영역에서의 만남이었나, 아니면 공적인 예배의식 속에서였던가. 절대적 타자totaliter aliter인 하나님 앞에서 나를 객관화하는 것의 중요성은 익히 잘 알고 있는 바다. 그러나 수많은 예배관련 서적들의 객관성이 내게 그리 가깝게 다가오지 않았던 것을 기억한다. 하나님이 어떤 분인지 이론적으론 아는데 '그래서 뭐 어쩌라는 건가' 하는 류類의 감정들로 책장을 덮기 일쑤였고, 때문에 이 책을 쓰면서 나는 좀 의도적으로 주관적이고자 한다. 누군가의 동의를 얻어낼 수도 없고 혹은 공감하지 못하는 부분도 있을 줄 안다.

그런 면에서 이 책의 일차적인 독자는 다름 아닌 바로 나 자신이다. 나를 찾아오시고 만나주시고 그래서 하루하루 더 깊이 알아가고 있는 그분과의 기억과 경험을 확인하는 것이야말로, 이후로 남

은 내 삶을 이끌어주는 길이요 빛이 되어줄 것이기에 더욱 그러하다. 하나님의 말씀이 문자로 기록된 이유는 '기억의 보존과 계승' 때문일 것이다. 이전까지 내가 노래를 녹음하고 음반을 제작하여 시간의 예술인 음악을 공간화해 온 것 역시, 때마다 일마다 부어주신 그분의 은혜를 끊임없이 현재화하는 작업이었다. 그러나 그분의 임재 앞에서는 과거와 현재와 미래는 무의미하다. 과거의 뜨거운 체험은 현재의 은혜로 다시 살아나며, 내일의 걸음으로 이어져갈 것이기 때문이다.

예배에 대한 좋은 신학서와 이론서는 많다. 학문적 깊이가 일천한 나는 구태여 어려운 이야기를, 괜한 깊이를 가장하여 늘어놓는 대신에 그저 내 이야기를 들려드리려 한다.

크신 하나님과 **작은** 나의 만남, 사귐, 그분과 함께 한 일들, 그분 앞에 범한 실수들, 그분과 함께 울고 웃은 기억, 그분이 보내신 사람들에 대한 고마움, 그분이 필요한 이들의 갈급함, 그분을 잃어버린 이들에 대한 안타까움, 내게 주신 그분의 보상과 축복, 그분 안에서 꾸는 꿈……. 그 모든 것의 기록이다. 나는 기억하며, 기록하며, 그분을 더 깊이 사랑하게 되었다.

몇 년 전부터 나는 일반적으로 많이 쓰이는 워십 리더 Worship Leader 란 단어 대신, **리드 워십퍼** Lead Worshipper 란 단어를 쓰기 시작했다. '예배 인도자'인가 '인도하는 예배자'인가. 이는 단순한 도치나 말장난 이상의 의미가 있다. 언제부턴가 나는 내가 예배의 '전문가'라고 믿고 있었다. 그도 그럴 것이 내가 드리는 예배의 90퍼센트 이상은 강단과 무대 위에서 나 자신의 인도로 진행되기 때문이다. 나는 노래로, 설교로, 강의로 예배 모임을 섬겨왔기에 언제나 '인도자'의 자세에 충실한 것이 좋은 예배라 생각했고, 선곡, 밴드의 연주, 싱어들의 화음, 영상으로 비추는 가사, 회중의 반응 등을 세심하게 챙기는 것이야말로 내게 맡겨진 사명이자 전문성 있는 예배라 굳게 믿어왔다. 물론 그것은 어느 정도 사실이다. 나는 무대 위에서 더 신실한 인도자여야 한다. 그러나 정작 하나님께서 먼저 찾으시는 것은 '인도자로서의 나'보다 '예배자로서의 나'이다.

딸의 결혼식과 중요한 집회가 겹쳤을 때 어디에 가겠느냐는, 목회자들을 대상으로 한 설문 조사에서 대부분의 목회자가 딸의 결혼식을 포기하고 집회를 가겠노라 답했다 한다. 긍정적으로 보자면 한국의 목회자는 사적인 일보단 공적인 사역에 집중하는 불타는 사명자라고 이해할 수 있다. 그러나 한편으로는 많은 목회자가 지나치게 자신의 정체성을 '인도자'에 두고 있지 않나 하는 우려가 생긴다. 서운하긴 하지만 분명한 것은, 인도자의 자리는 나 아닌 다른 누군가로 대체될 수 있다는 점이다. 나만이 할 수 있는 메시지, 선곡, 멘트가 있을 수는 있지만, 다행히도 하나님께는 헌신된 동역자가 많다. 그들 중 누구를 세워도 하나님의 일은 이루어진다는 사실을 인정해야 한다. 그러나 딸의 결혼식에서 아버지의 자리는 자신 외엔 그 누구로도 대체할 수 없다. 가장 친한 친구도, 가까운 친척도, 그 어느 누구도 '아버지'가 될 순 없다.

마찬가지로 인도자^{Leader}의 자리는 다른 동역자에게 내어줄 수 있다. 그러나 예배자^{Worshipper}의 자리는 나 자신 외에는 누구도 대신할 수 없다. 나는 인도에 앞서 예배자가 되기로 작정했다. 좋은 인도자에 앞서 좋은 예배자가 되기로 결단했다.

예배 인도자가 아닌 인도하는 예배자로 새롭게 태어난 날을 지금도 기억한다.

2005년 10월 13일, 여러 가지 상황 때문에 3년간 멈춰 섰던 찬미 목요예배가 대구에서 다시 시작되었다. 직장으로, 유학으로, 각자의 사정으로 팀을 떠났던 이들이 돌아와 한자리에 모였다. 예배가 시작되었고 우리는 지난 몇 달간 준비하고 연습한 콘티대로 열심히 예배를 인도하고 있었다. 예배가 절정을 향하던 한 순간 갑자기 머릿속에서 준비되지 않은 찬양이 흘러나왔다. 그리고 그 노래는 이내 입술로 고백되었다. "기쁘고 기쁘도다 항상 기쁘도다. 나 주께 왔사오니 복 주옵소서······."

나는 그날, 그 순간 알게 되었다. 기쁨의 눈물이 어떤 것인지를. 떠올려보라. 예배 인도자가 찬양하는 도중 그윽하게 한 줄기 눈물을 흘리는 모습을. 얼마나 아름답고도 감격스러운가. 애써 눈물을 삼키며 다음 곡으로 넘어가는 인도자의 모습은 그 얼마나 고결한가. 그러나 그쯤에서 마무리되었어야 할 기쁨의 눈물은 홍수가 되어 나의 영과 감정을 범람하기 시작했다. 흐느낌이 통곡으로 바뀌는 대목부터 문제는 심각해졌다. 멋있게 뺨을 타고 흘러내려야 마땅할 눈물이 쏟아지는 콧물을 만나 턱 언저리쯤에서 급기야 요요처럼 덜렁인다.

이 지저분함이라니. 말 그대로 나는 망가지고 있었다. 그 순간에도 나는 남은 이성을 총동원해 인도자, 혹은 목사로서의 '이미지 만들기'를 생각하고 있었다. 나는 혼란스러웠다. 이런 추한 모습을 보이는 것도 쑥스러운 일이거니와 다음 순서를 생각해야 한다. 기도제목을 하나 던지고 그냥 계속 기도를 할까, 아니면 내 신호가 없어도 밴드와 싱어들이 알아서 다음 곡으로 넘어가 줄 것인가.

고민하던 나는 결국…… 대책 없이 그 자리에 엎드렸다. 울음이 그치질 않아 노래도 기도도 할 수 없었고 그냥 꺼이꺼이 눈물만 쏟았다. 그런데 예상치 못한 상황이 벌어졌다. 음악소리가 잦아들어 가길래 슬쩍 돌아보니 나뿐 아니라 모든 팀원이 마이크와 악기를 내려놓은 채 엎드리고 있는 것이었다. 3년이나 예배를 지키지 못한 죄스러움과 새로 시작하는 예배에 대한 감사와 감격은 그렇게 우리 모두를 엎드려 울게 했다. 건반 연주자 혼자 겨우 코드만 누르고 있는 상황, 무대 위의 그 누구도 예배를 인도할 수 없던 바로 그 순간에 놀라운 일이 일어났다. 회중들이 소리 내어 기도하기 시작했다. 새롭게 재개되는 이 예배를 위해, 찬미워십의 단원들을 위해, 대구 땅의 부흥을 위해 기도하기 시작했다. 그리고 누군가의 입에서 축복송이 시작되었다. 그렇게 기쁨의 눈물을 흘리고 있는 무대 위 예배자들을 향해 그들은 두 팔을 벌리고 있었고 하나님께서 친히 예배를 인도하고 계셨다. 나는 이론으로만 알고 있었던 '하나님만이 홀로 참된 예배 인도자'라는 사실을 현장에서 확인할 수 있었다.

그날 나는 리드 워십퍼로 새롭게 태어났다. 나뿐 아니라 우리 팀

22

모두가 리드 워십퍼로 거듭났다. 무대 중앙에 선 나만 예배 인도자가 아니라, 각자가 자신의 자리에서 '노래로 인도하는 예배자', '건반으로 인도하는 예배자', '기타로 인도하는 예배자', '드럼으로 인도하는 예배자', '자막으로 인도하는 예배자', '안내와 봉사로 인도하는 예배자'가 된 것이다. 우리 모두는 하나님께 부름 받은 바로 그 자리에서 인도하는 예배자로 살아가야 한다. 다시 한 번 기억하자. 우리는 '인도자'이기에 앞서 '예배자'란 사실을.

다른 어떤 것보다도 내가 굳게 믿는 것이 있다. 바로 '우리는 자신이 내린 예배의 정의定義대로 산다'는 것이다. 예배는 이런 것이다, 혹은 이래야 한다는 정의를 따라, 아니면 예배는 이러면 좋겠다는 자신의 바람에 따라 그의 삶과 신앙의 향방이 달라진다.

교회에서 정의하는 예배는 크게 두 부류로 나뉘는 것 같다. 어떤 이는 예배를 '엄숙', '경건', '거룩', '정결'로 정의한다. 또 어떤 이는 예배란, '자유', '기쁨', '열정', '축제'라고 정의한다. 우리는 자신의 정의에 따라 예배하기 마련이므로, 자신과 다른 정의를 가진 이의 예배가 충분히 불편하게 보일 수 있을 것이다. 문제는 내가 정의 내리는 예배 방식이 진짜 예배며, 나와 다른 예배는 그른 것이라 믿는 나쁜 습관을 지닌다는 점이다. 전자는 자신의 기준으로 후자의 예배를 향해 '불경건하고 경망스러운 예배', '음악이나 분위기에 도취된 중심 잃은 예배', 더 극단적으로는 '예배가 아닌 쇼나 콘서트'라고 판단하고 정죄한다. 반대로 후자 역시 전자가 드리는 예배를 '전통과 인습에 매여 있는 형식적 예배', '거룩한 산 제사가 아닌 영적으로 죽은 예배', '껍데기만 남은 종교의식'으로 취급하기도 한다.

그러나 우리는 기억해야 한다. 하나님 앞에서 바지가 벗겨지는 줄 모르고 기뻐 뛰노는 다윗의 예배를 하나님이 흠향하신 것처럼, 그 분의 거룩한 임재 앞에 발에서 신을 벗고 굽혀 엎드린 모세의 예배 또한 하나님이 기뻐 받으셨다는 것을. 우리는 서로의 예배를 배워야 한다. 늘 현대적인 음악이 주가 되는 찬양 예배를 인도하다 보니 반대급부랄까, 몇 주 전 일요일 낮에 드린 전통 예배 시간에 오히려 깊은 은혜를 경험할 수 있었다. 평소 내가 드려오던 역동적인 연주와 강렬한 음향도, 두 손을 높이 들고 펄쩍펄쩍 뛰는 열기도 없었지만, 그저 피아노 한 대로 고요히 찬송가를 부르는데 그만 나는 하나님의 임재 앞에 압도될 수밖에 없었다. 현대적 음악예배에서 찾을 수 없는 또 다른 깊은 무언가가 그곳에 있었다.

형식적인 면에서 볼 때 현대적인 음악예배가 동적이라면, 예전적인 전통예배는 정적이다. 그리고 이 둘은 서로 다르지만 틀린 것이 아니란 점을 우리는 인정해야 한다. 세대마다 자신이 쉽게 공명하는 예배 형식이 있을 것이다. 나는 당연히 현대적 형식의 동적인 예배에 반응한다고 믿어왔는데 그게 아니라는 것 또한 깨닫게 되었다.

찬미워십 2집을 만들 때 "Jump But Bow Down, CHANMI!!!"라는 기발한 문구를 표어로 생각해냈다. 우리는 기뻐 뛰며 춤추지만, 엎드릴 줄 아는 예배자가 되어야 한다. 청년부 찬양예배에서 춤추

고 뛰었다면, 전통적인 일요일 낮 예배에서는 엎드릴 줄도 알아야 한다. 당신의 예배는, 나의 예배는 정중동靜中動인가, 동중정動中靜인가. 부디 둘 다이기를 바란다.

예배를 균형 있게 정의하는 것도 중요하지만, 예배에 대한 자신만의 정의도 꼭 필요하다고 나는 늘 강조해왔다. 예배 혹은 예배음악에 관심이 많은 사람이라면 관심을 가지는 세계적인 예배 인도자들이 있을 것이다. 돈 모엔, 론 케놀리, 폴 발로쉬, 매트 레드맨, 팀 휴즈, 달린 첵, 이스라엘 호튼, 마틴 스미스, 그래함 켄드릭, 앤디 팍, 마틴 나이스트롬, 브라이언 덕슨, 밥 피츠, 링컨 브루스터 등. 나 역시 그들의 예배음반과 예배실황 영상을 보면서 예배를 배웠다. 예배를 인도하는 일을 오랜 시간 섬겨왔지만 늘 알 수 없는 영적인 열등감을 느끼기도 하고 그들의 예배 인도와 그들의 예배 곡에는 뭔가가 있는 것처럼 느끼기도 했다. 때문에 그들의 예배는 언제나 동경의 대상이었고, 더불어 그들은 본의 아니게 우상처럼 내 안에 크게 자리 잡았다.

이른바 세계적인 예배 인도자, 혹은 한국을 대표하는 예배 사역자라고 인정받는 이들의 면면을 살펴보라. 그들을 '세계적'이라 칭하고, 그들에게 우리를 '대표하게' 하는 근거가 도대체 무엇인지 말이다. 일반적으로 그려지는 그들의 외모와 이미지? 거룩하고 고결한 삶의 태도? 그들의 음악성? 물론 나는 그들이 훌륭한 신앙과 인격을 소유한 사람들이라고 믿지만 그렇다고 그들을 100퍼센트 신뢰하지는 않는다. 그들이 운전 중 갑자기 끼어들어 위험천만한 상황을 만들고도 비상등 한 번 켜지 않고 유유히 달아나는 앞 차를 향해 만면 가득 여유 있는 미소를 지으며 '할렐루야~'라고 인사할지, 그들의 아내와 사소한 말다툼 한 번 벌이지 않는 완벽한 남편일지, 그들의 컴퓨터 하드디스크 은밀한 곳에 헐벗은 남녀에 관한 파일은 단 하나도 없을지에 대해서는 확신할 수 없다. 미안하지만 음악성 자체만 두고 본다면 그들보다 훌륭한 음악가나 음악사역자는 셀 수도 없이 많다.

그럼에도 그들을 인정하는 이유를 한 가지만 꼽으라면 바로 그들에겐 '자신만의 예배 정의'가 있다는 것이다. 보이지 않는 곳에서 길을 만드시는 하나님에 대한 정의가 돈 모엔Don Moen에겐 "나의 가는 길"God Will Make A Way이 되었다. 그분을 향한 사슴과 같은 갈급함으로 마틴 나이스트롬Martin Nystrom은 "목마른 사슴"As The Deer을 만들었다. 온 땅을 향한 강력한 선포와 외침으로 달린 책Darlene Zschech은 "내 구주 예수님"Shout To The Lord을 만들었다. 모든 것보다 뛰어난 십자가를 향한 사랑이 폴 발로쉬Paul Baloche에게는 "모든 능력과 모든 권세"Above All로 고백되었다. 예배의 중심은 오직 한 분 예수 그리스도 뿐임을 매트 레드맨Matt Redman은 "찬양의 열기 모두 끝나면"마음의 예배, The Heart of Worship으로 노래했다.

그들의 정의定義는 그들의 노래가 되었다. 우리가 세계적으로 대단한 인기를 얻었다고 생각하는 곡들이 실은 삶 속에서 내려진 '그들만의 예배 정의'라는 사실을 기억해야 한다.

우리에게도 그런 정의와 노래들이 있다. 고형원에게는 그 정의

26

가 바로 "부흥"이며, 하스데반에게는 "십자가의 길 순교자의 삶"이다. 최덕신에게는 "예수 이름 높이세"로, 한웅재에게는 "소원"으로, 강명식에게는 "기뻐하라"로, 천관웅에게는 "밀알"로 정의되었다. 그리고 나에게는 "하늘소망"으로 정의되었다.

우리가 예배 사역자를 인정할 수 있는 이유와 근거가 있다면 바로 이 대목이다. 나의 경우, 예배의 정의가 늘어날 때마다 노래가 생겨났다. 이 책과 음반의 노래들은 따지고 보면 모두 예배에 대한 나의 다양한 정의들이다. 기쁨의 정의도, 엄숙의 정의도, 부조리를 향한 분노의 정의도, 슬픔과 애통의 정의도 있다. 당신의 삶과 당신의 공동체에서도 예배를 정의해야 한다. 그렇게 정의되고 고백된 노래라면 그 어떤 엄청난 인기의 워십송보다 위대한 가치가 있다. 지금 바로 당신만의 예배 곡을 만들어 보라. 그 노래가 당신의 공동체 예배에서 불리고 드려지기를 기대해 본다.

나의 예배

민호기 사곡

그 누구와도 다른
그 무엇과도 다른
나의 예배
그 깊은 시간
비교하지 않네
교만하지 않네
나의 예배
그 맑은 시간

나를 기뻐하시네
나를 기뻐하시네

찬미워십 예배팀에서 음악사역을 시작했지만, '소망의 바다'라는 CCM 가수로 사람들에게 알려지고, 다시 찬미목요예배 인도자로 복귀한 당시 내게는 두 가지의 상반된 마음이 있었다. 예배 사역자에 대한 일반적인 이미지는 경건하고 영적인 통찰력을 갖춘 모습인데, 그런 부분이 결여된 나 자신에 대한 '영적인 열등감'과 그에 반해 음악적인 전문성은 그래도 내가 더 낫지 않나 하는 '예술적인 우

월감'이 그것이다. 때론 영향력 있는 유명 예배 사역자와 내 모습을 비교하며 위축되기도 하고, 때론 그리 특별해 보이지 않는 그들의 음악을 들으며 교만해지기도 했다.

나는 어떤 예배를 드려야 하는가에 대한 물음, 어떤 예배가 좋은 예배인지에 대한 물음이 계속되었다. 내가 예배에 대해 내린 첫째 정의는 바로 '나를 기뻐하시는 하나님을 나도 기뻐하는 것'이다. 그리고 그 기쁨을 화려하지 않게, 소박하게 고백하고 싶었다.

평소 좋아하는 미국의 기타리스트 중에 톰 헴비Tom Hemby라는 분이 있다. 특히 그의 크리스마스 앨범에 수록된 환상적인 어쿠스틱 기타 하모닉스 연주에 마음을 빼앗겼는데, 이번 음반 작업에 초청한 네슈빌 뮤지션 명단에서 그를 발견하고 혼자서 펄쩍펄쩍 뛰었더랬다. 미국 연주자들과 하루 종일 여러 곡을 작업하고 다른 세션들이 다 돌아간 뒤, 조용해진 녹음실 부스에 그와 나 둘만이 남았다. 그곳에서 CD로만 듣던 그의 하모닉스가 흘러나왔고, 우리 둘은 이 노래의 가사에 대해, 느낌에 대해 나지막이 얘기하며 녹음을 시작했다.

고요한 녹음실, 그는 기타를 튕겼고 나는 노래를 불렀다. 그리고 우리는 곧 깨달을 수 있었다. 그곳에 우리 말고 한 사람이 더 있다는 것을. 그는 바로 우리의 노래에 가만히 귀 기울이고 계신 나의 주인, 예수 그리스도이셨다.

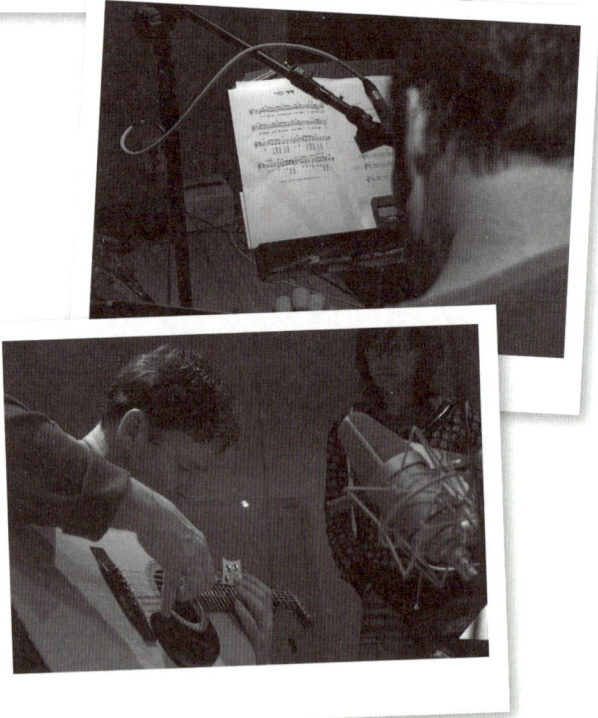

나의 예배

민호기 사/곡

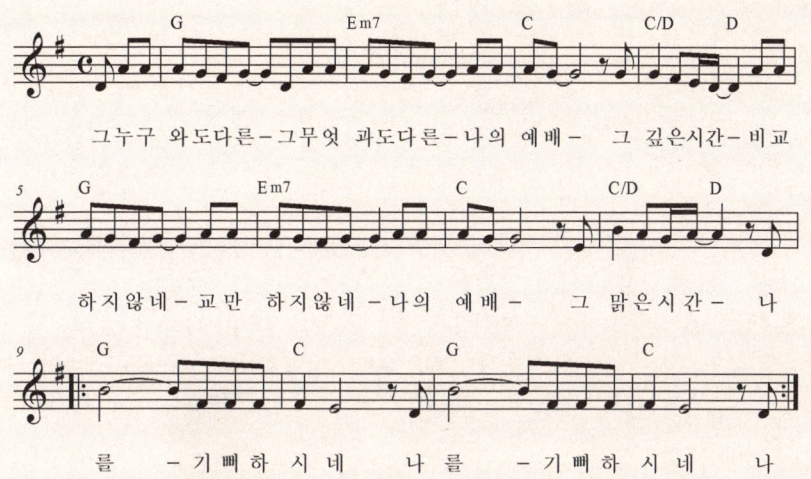

track 2

이 길 끝까지

존경하는 선배 최덕신 전도사님으로부터 언젠가 '사역'이란 내가 하나님의 일을 섬기는 것이 아니라, 하나님이 나를 섬기시는 것이란 말씀을 듣고 충격에 휩싸였던 기억이 난다. 나는 내가 무언가를 열심히 함으로 그분의 기쁨과 영광이 된다고 철썩 같이 믿어왔다. 내가 만드는 음악, 내가 쓰는 글, 내가 하는 말이 그분의 사람들을 살리고, 하나님 나라를 이뤄가는 귀하고 귀한 일에 도구로 쓰임 받고 있다고 말이다. 그렇게 생각하고 믿으니 먼 길을 오가는 피곤함도, 부정기적인 수입의 불안감조차도 가슴 벅찬 감격이었다. 이렇게도 나는 자아도취에 빠져 살았나 보다.

그러나 내가 주님을 섬기는 것이 아니라, 주님이 나를 섬기신다는 사실에 대한 확인은 당황스럽고도 불편한 경험이다. 내가 열심히 그분의 일을 한다고 믿고 땀을 흘리는 순간에도, 정작 그분이 나를 위해 일하신다니. 차마 이 일이라도 시켜놓지 않으면 잠시라도 그분 곁에 있기보다 내 즐거움만 쫓아다니기 바쁠 나란 사람을 너

무 잘 아시는 주님으로선 나를 그분 곁에 머물러 두도록 하는 최소한의 조치가 사역자로 삼는 것이라니. 이건 마치 어릴 때 반에서 제일 말 안 듣는 아이에게 선도부장을 맡기는 것과 같은 이치 아닌가.

내가 의롭거나 잘나거나 재능이 있어서가 아니라, 그저 나와 함께 있고 싶으셔서 모자란 내 뒤치다꺼리를 마다 않으시고 지금도 사역 현장 곳곳에서 나를 섬기시는 주님. 내가 불러버린 모자란 노래들, 저 잘난 척했던 말과 행동들, 설교란 명목으로 자행한, 그분의 뜻이라 자처하며 증거하고 있는 내 생각투성이의 이야기들……. 그 모든 위험성을 감수하면서까지도 주님은 나를 사역자로 세우시는 것에 두려움이 없으셨다. 그야말로 그분은 전혀 믿을 만한 구석이 없는 우리를 동역자로 삼는 '모험'을 감행하신다.

이에 나는 평생을 사역자로 살겠노라 결심하고 또 결심한다. 당연히 주님은 평생 나를 섬기셔야 한다. 내가 앞으로 저지를 일들의 뒷수습도 대략 주님의 몫이다. 그렇더라도 나는 뻔뻔하게 주님 곁에 머물러 살고 싶다. 주님께 죄송하지만 조금씩이라도 그분의 '짐'이 아닌 그분의 '힘'이 되어 드리고픈 마음이다. 할 수 있다면 단 한 순간도 그분 곁에서 떨어지지 않는 사역자가 될 것이다.

"잘 하는 사람이 오래하는 것이 아니라 오래하는 사람이 잘 하는 것"이라더니 그 말이 정말 맞나 보다. 노래를, 글을, 말을 더 잘 하면 더 좋은 사역자가 될 것이라 믿었던 시절도 있었다. 그러나 이제는 안다. 성실하게 오래 이 길을 끝까지 걸어내는 것이야말로 내가 할 수 있는 '가장 잘한 일'이란 것을.

몇 해 전에 적은 글을 다시 꺼내 읽어본다.

나는야 10승 투수!!!

나름 야구광인 나는 인생의 많은 부분을 야구에 비유하며, 야구를 하듯 살아왔다. 무대에 올라갈 때면 늘 마운드에 오르는 투수의 심정으로 마음을 다잡곤 했다. 때로는 역투하는 선발이 되기도, 때로는 잠깐 흐름을 바꿔주는 중간 계투가 되기도, 때로는 행사의 마지막에 등장하여 철벽 마무리를 자랑하기도 했다. 어느 날은 말 그대로 펄펄 날아 노히트노런 내지는 퍼펙트를 기록하는 날도 있지만, 어떤 날은 정말로 처참히 깨지기도 한다.

언젠가 해설가 하일성 씨가 "10승 투수가 되려면 비가 오나 눈이 오나 꾸준히 마운드에 올라야 한다"는 이야기를 했다. 컨디션이 좋은 날도 나쁜 날도 묵묵히 공을 뿌려야 하고, 팀이 지든 이기든 또 다음 경기를 준비해야 한다.

20승 이상을 올리는 슈퍼투수가 아닌 대부분의 10승 투수는 대략 10승 12패 내지는 10승 9패 정도의 성적을 기록한다. 이기는 것과 지는 비율이 엇비슷하지만 팀에서 이들이 너무나 중요한 이유는 많은 경기에 성실하게 출전해 주었기 때문이다. 그래서 결과적으로 한 팀에서 10승 투수는 많아야 두세 명에 불과하다. 20승을 올리던 전성기의 화려함은 빛을 잃었으되 꾸준히 마운드에 올라 10승 이상은 해주는 투수가 고마운 건 그만큼 어려운 일이기 때문이다. 당연히 타자가 3할을 치는 것보다도 어렵다.

한국의 음악사역계에 눈에 띄는 루키를 찾아보기 어렵다는 걱정을 해댔는데, 생각해보니 성실한 10승 투수도 그리 많지 않아 보인다. 음반이나 공연의 흥행과 무관하게 꾸준히 녹음실과 무대를 오르는 이들이 적다면 경기에 이기기는 힘들 것이다.

많은 이들이 다음 시즌을 기약할 수 없는 상황이라 비관하고, 등판만 하면 실투에 홈런 세례라 차라리 벤치를 지키겠다 하고, 긴 슬럼프에서 헤어나지 못한 채 허우적대고 있지만, 나는 그들이 하루 빨리 회복하여 마운드에 복귀하길 기대한다.

이 글을 쓰는 한 해의 끝자락에 새 해를 겨냥하며, 지난 나의 노래들과 글들을 생각해 본다. 20승을 올린 눈부신 시즌도, 10승은 해준 시즌도, 부상으로 등판 한 번 제대로 못한 시즌도, 슬럼프로 내내 고전하던 시즌도 있었다. 그러나 나는 또 당연하게도 다음 시즌을 기약하며 우직하게 마운드에 오르려 한다.

나는 겸손하지만 노련한 10승 투수가 되어 벤치에서 몸을 풀고, 마운드에 올라 숨을 고른다. 신중히 포수와 사인을 나누고, 홈런타자를 잡아먹을 듯 노려보며 서서히 와인드업, 온 힘을 다해 볼을 뿌린다. 공이 내 손을 떠나는 순간 나는 진정 자유로워진다. 배트는 허공을 가르고 주심의 손이 번쩍 들려지자, 터질 듯 함성 소리가 가까워 온다. 나는 아랑곳 않고 침착히 2구를 준비한다.

사람들은 종종 착각한다. 시계의 일은 시간을 맞추는 것이라고 말이다. 그러나 정작 시간을 맞추는 것은 주인의 일이다. 시계의 일은 **멈추지 않는 것**이다.

솔직히 나는 무척이나 궁금하다. 언제쯤 내가 유명해질지, 언제 내가 만든 책이나 음반이 베스트셀러가 될지, 언제 내가 인도하는 예배에 구름처럼 사람들이 모여들지, 언제쯤 대출금 다 갚고 돈도 넉넉히 벌게 될지……. 그러나 나는 결코 그 시간을 알 수가 없다. 더 안타까운 것은 그 시간이 결코 오지 않을지도 모른다는 것이다.

그럼에도 나는 묵묵히 이 길을 걸어가야 한다. 부와 명예와 그 어떤 안정감이 보장되지 않는다 할지라도 주님의 명령을 좇아 성실히 그분의 길을 가는 것, 그것이 나의 일이기 때문이다.

나는 꾸준함으로 그분의 기쁨이 되기 원한다. 나는 한결같음으로 그분의 자랑이 되기 원한다. 눈에 보이는 큰 성과를 좇기보다 신실하게 한 걸음 또 한 걸음, 그곳에 더 가까이, 더욱 가까이 가려 한다.

부르심의 소망을 따라

민호기, 전영훈 사곡

이 어두운 길을 걷는 동안 그대 놓지 말아야 할 등불이 있죠
비록 희미하여 저 멀리 볼 수 없다 해도 한 걸음 또 한 걸음 그곳에 더 가까이
거치른 폭풍우 지나는 동안 우린 자라고 또 하나가 되었죠
간절한 믿음은 이미 그곳에 먼저 닿아 소망의 닻 내리죠

내 눈에 아무 증거 보이지 않아도 내 귀에 아무 소리 들리지 않아도
주의 부르심의 소망을 따라 그 기쁘신 뜻 함께 이뤄가리

때론 내 욕심으로 갈 길 몰라 헤맬 때
지혜의 성령 사랑의 손이 붙드시며 날 이끄시네

- 소망의 바다 3집 〈성숙〉(2004)

누구나 인생의 전체 지도를 원하지만 신앙 여정은 다음 단계의 길만 보여주는 부분별 지도 같은 것이라는 켄 가이거의 말은 진실이다. 우리 인생은 야간운전과 같아서 전조등을 켜도 불과 몇 미터 앞밖에 볼 수 없지만 그렇더라도 얼마든지 마지막 목적지까지 갈 수 있다는 E. L. 닥터로의 말도 마찬가지다. 나는 물론, 당연히 인생의 전체 지도를 가지고 있지도 않고, 볼 줄도 모른다. 그래서 인생길이 두렵지만 또한 두렵지 않다.

며칠 전, 오랜만에 대구역 지하차도를 지나게 되었다. 그곳에는 외국잡지를 파는 오래된 가게가 여럿 있다. 부끄러운 고백이지만 사춘기 시절 나는 거기에 종종 갔다. 지금 같은 인터넷 시대가 아닌 당시에 청소년들이 음란물을 접할 수 있는 거의 유일한 통로가 그곳이었고, 친구들과 나는 종종 거기서 야한 잡지나 비디오를 사왔다. 그곳엔 언제나 40대 중반의 아저씨가 가게를 지키고 있었다. "빨간책 있나요?" 하는 물음에 아저씨는 늘 "미국 꺼 줄까, 일본 꺼 줄까?" 되물었다. 20년이 더 지난 후 찾아간 그곳엔 아저씨 대신 지긋하신 할아버지 두 분이 바둑을 두고 계셨다. 순간 호기심이 발동한 나는 장난스럽게 어르신들께 물었다. "혹시 빨간책 있나요?" 천천히 고개를 돌리신 할아버지, 그리고 돌아온 익숙한 대답. "미국 꺼 줄까, 일본 꺼 줄까?"

순간 나는 섬뜩해졌다. 할아버지는 바로 그때 그 아저씨였다. 그는 그곳에서 평생을 늙어간 것이다. 20년 전 그곳을 들락거리던 철없던 소년은 목사가 되어 옳은 길을 찾았다. 가끔 비틀거리고 넘어지기도 하지만 옳은 방향을 향해 가고 있는 중이다. 그러나 옳지 않은 길을 선택한 그는 끝끝내 그 길을 벗어나지 못한 채 그곳에서 인생을 허비했다. 그리고 아직도 그곳을 떠나지 못했다. 잘못된 선택과 그릇된 방향은 그의 삶을 이토록 처참하고 서글프게 만들어 놓았다.

주님께서 내게 맡기신 인생의 길, 사역의 길 앞에 서서 격언 몇 가지를 되새겨본다.

자꾸 걷다 보면 길 아닌 것도 길이 된다. - 루쉰

길은 삶 가운데 있고, 길은 여러 사람이 밟아서 다져진 통로Beaten Pass다. - 신영복

말뚝 하나를 박고, 50미터 앞에 다른 말뚝을 박으면 방향성이 생긴다. - 로렌스 듀렐

좌로나 우로나 치우치지 않고 오로지 한 길로만 걷는 사람은 '같은 방향으로 오랫동안 순종하는' 사람이다. - 유진 피터슨

'소망의 바다'라는 팀을 시작하며 내 파트너와 세운 세 가지 목표가 있다. **한결같은 사역자, 한 길 가는 사역자, 사람을 세우는 사역자.** 그러나 음악사역자로 삶을 헌신한 후 많은 것이 불확실했다. 장래도, 전망도, 수입도 뭐 하나 분명한 것이 없었다. 그러나 길이 아닌 그곳에 발을 들여 우직하게 걸어간 누군가들이 다져놓은 좁은

40

길 하나가 어렴풋이 보였다. 그 길을 따라 걷다 보니 길 아닌 것도 길이 되고 그러다 갈래 길을 만나면 그때마다 또 더 좁은 길을 선택하며 '좁은 길은 좋은 길'이라 스스로 되뇌어 왔다.

이제 어느덧 내 뒤를 따라 걸을 이들도 생각해야 할 지점에 이른 것 같다. 가수 신해철은 스스로를 '첨병'이라 했다. 첨병의 목적은 승리의 전쟁터에 깃발을 꽂고, 전리품을 나누고, 승리의 찬가를 부르며 개선문을 행진하는 이가 아니다. 그의 목적은 최전방전선에서 가장 먼저 죽는 것이다. 그러면 그의 시신을 밟고 전진한 그의 군대가 승리를 취한다. 나는 주님과 함께 달려 나가고, 주님과 함께 죽음으로 이 승리에 동참하길 원한다. 기꺼이.

이 길 끝까지

민호기 사곡

주의 길 가는 것 주의 일 하는 것
내게 주신 가장 고귀한 선물 또 내 소망
주의 맘 품는 것 주의 뜻 따르는 것
나의 평생에 이룰 수 있다면
내 모든 것 드릴 수 있네

나 걸어가리 주님과 함께
이 길 끝까지
강하신 주님의 손 놓지 않네
나 살아가리 주님을 위해
내 믿음 변찮네
그 크신 주님의 품 안길 때까지

지금은 눈부신 발전을 이뤘지만, 몇 년 전 대구 대신대학교에 교회 실용음악과를 처음 개척하던 당시에는 모든 것이 막막하기만 했다. 학생을 찾는 것도, 선생을 찾는 것도 쉽지 않은 일이었고, 보수적인 신학교 안에 클래식 음악이 주류인 음대에서 이런 일을 시작한다는 자체가 모험이었다. 당연히 초반에는 고생도, 시행착오도 많았

고, 무엇보다도 학생들에게 미안한 점이 이만저만이 아니었다. 제대로 된 시스템도, 교과과정도 없이 열정과 헌신만으로 함께 땀 흘린 제자들이 하도 기특하고 자랑스러워 그들을 위해 이 노래를 만들었다. 제자들과 함께 부르며 눈물 흘린 기억이 어제 일만 같은데, 몇 년이 지난 올해 가장 많은 학생이 입학한 음악과가 바로 우리 과라는 사실이 꿈만 같다.

나는 나와 내 제자들이 새벽별과 같은 사역자가 되길 원한다. 이 말은 평생 새벽제단을 쌓는 기도의 사람이 되겠다는 결단 또는 "일찍 일어나는 새가 벌레를 잡는다"The Early Bird Catch The Warm는 식의 부지런한 '아침형 인간'이 되겠다는 의지와는 좀 다른 것이다. 생각해 보라. 별은 밤에 뜨는 것이다. 그리고 아침 해가 밝아오면 자신의 빛을 잃어버리고 스러져 가기 마련이다.

새벽별은 끝까지 견딘 별이다. 나는 완전한 빛이신 주님께서 임하실 때까지 이 어두운 밤하늘을 비추는 새벽별과 같은 예배자가 되고 싶다. 태양이 떠오르면 그제야 자신을 숨기며 사라져 가는 겸손한 새벽별처럼 말이다.

어느 수도사가 30초 안에 수도원 생활을 설명해 달라는 방송국의 부탁을 받고, "우리는 넘어졌다가 일어납니다"We Fall Down, then We Get Up를 4번 반복했다고 한다. 연약하고 허물 많고 유혹에 잘 넘어지고 쉽게 포기하고 끈기 없는 우리에게 이보다 더 위로와 용기를 주는 고백과 기도가 있겠는가.

TRack 3

할렐루야 echo

집회가 끝나고 무대를 내려와 숨을 고르는 내게 어떤 분들이 다가와 인사를 한다. 인사치레일지언정 감동을 받은 표정으로 그 분들이 전해 주시는 격려와 칭찬의 대표적인 말은 대개 이런 것이다. "목사님은 덩치도 작으신 분이 어쩌면 그렇게 힘이 넘치세요?" "어디서 그런 열정이 나오십니까?"

이 말을 나는 크게 두 가지 중 하나로 받아들인다. 진짜로 좋았다는 것이거나, 아니면 내가 찬양하는 모습이 목사답지 않다는 말을 우회적으로 표현한 것이거나. 그러나 그런 말과 시선에 아랑곳없이, 비실비실해 보이는 왜소한 외모와 다르게 무대에 올라가면 나는 다른 사람이 된다. 나는 세상에서 가장 열정적인 예배자로 그분 앞에 서기 원한다.

두 가지 경험이 나를 뜨거운 예배자로 변화시켰다. 하나는 설명이 필요 없는 2002년 월드컵 때다. 당시 경기에서 가장 잊지 못하는 경기는 박지성의 결승골로 유명한 포르투갈 전이었다. 그날 거

46

리응원을 한 우리 부부는 기다리고 기다리던 결승골이 터지자 자리를 박차고 뛰어 올랐고, 생전 처음 보는 아줌마랑 끌어안고 울고, 붉은 악마의 북소리에 "대~한민국"을 목 놓아 외치고, 모르는 옆 사람과 어깨동무를 하고 미친 듯이 "오! 필승 코리아"를 부르고, 대형 화면 속의 히딩크가 승리의 세리모니를 날리자 정확하게 28분간 기립박수를 쳤다.

　가슴이 터질 것 같은 감격 속에 집으로 돌아와 잠자리에 들 무렵, 나는 문득 부끄러워졌다. 하나님을 예배하는 어느 한 순간 내가 그토록 뜨거운 적이 있었던가. 모태신자로 자라, 찬양사역자로 살아오며 그렇게 목이 터져라 하나님을 찬양하고 기도하고 예배한 적이 있었던가. 주님은 아마도 2002년 6월의 대한민국을 보시며 좀 서운하셨을 것 같다. 그분은 그 어느 목사, 장로, CCM 가수, 예배 인도자에게서도 저처럼 뜨거운 예배를 받아보지 못하셨을 것이므로.

　그러나 나의 하나님은 오히려 우리를 향해 기대감을 품으셨으리라 믿는다. "저들이 저렇게도 뜨거운 존재들이었다니……. 저들이 말씀으로, 찬양으로, 성령으로 충만해진다면, 나의 사랑과 은혜를 깨닫게 된다면 저처럼 열정적인 예배자들로 변화되겠구나" 하는 하나님의 흐뭇한 미소가 느껴졌다. 그 순간 나만의 구호가 생겼다. "예배하는 순간만은, 하나님을 찬양하는 순간만은 결코 월드컵에 지지 않겠다." 그날 이후, 예배하고 찬양할 때의 경쟁자는 그 어느 목사도, 부흥사도, 예배 인도자도, CCM 가수도 아니었다. 찬양할 때 나의 최고의 경쟁자는 언제나 '2002년 6월, 월드컵 응원현장의 나 자신'이다.

다른 하나는 2006년 1월 1일에 겪은 일이다. 이날 역시 잊을 수 없는 날이다. 2005년의 마지막 사흘을 집회와 세미나로 서울에서 보낸 나는 해가 바뀌는 순간만은 꼭 가족과 함께 보내고 싶었다. 집회를 마치자마자 부리나케 KTX를 타고 동대구역에 도착해, 교회로 달려가 아내와 아가들 옆자리에 앉은 시간이 밤 11시 58분. 그렇게 행복한 송구영신예배를 드리며 새해를 맞았다.

그리고 눈 뜬 새해, 첫 아침은 일요일. 새 해의 첫 날이 월요일도, 화요일도, 수요일도, 목요일도, 금요일도, 토요일도 아닌 온 성도가 함께 모여 예배드리는 일요일이란 사실이 나를 흥분시켰다. 왠지 올해는 하나님의 놀라운 은혜와 축복이 나를 포함한 그리스도인들에게 특별하게 쏟아질 것 같은 이기적인 예감마저 들 지경이었다. 나는 아내와 아가들에게 뽀뽀해 주고 콧노래까지 불렀다. 그리고 교회에 갈 준비를 하며 버릇처럼 핸드폰을 찾았다. 바꾼 지석 달 된 새 PDA폰을 켜다 나는 잠시 갸웃했다. 전원이 켜지지 않는 거다. 배터리가 방전되었나 싶어 충전기에 연결했는데도 안 켜진다. 알다시피 초창기 스마트폰인 PDA는 가끔 컴퓨터처럼 다운이 잘 되었기에 리셋 버튼을 누르자 그제야 켜진다. 그랬구나 싶어 웃던 나는 순간 얼어붙었다. 켜지긴 켜졌다. 그런데 아주 말끔하게 켜졌다. **초기화**.

뒤에 들은 바로는 PDA폰은 전원이 방전되면 데이터가 다 손실된단다. 그래도 걱정할 게 없는 것이 자체 백업을 받아두거나, PC

와 연결해 자료를 내려받기 해두면 혹시 문제가 생겨도 바로 복원할 수 있다. 물론 나는 그 사실을 몰랐다. 누군가 이것을 이야기해주었는데 별 생각 없이 무시한 게 화근이었다.

당시 내 핸드폰에는 1,000여 개의 전화번호와 모든 일정 관리(게다가 때는 내가 가장 바쁜 겨울 캠프 투어 기간이라 당장 그날 오후에 있을 집회까지 포함하여 60여 개의 일정, 장소, 담당자와 연락처가 그 안에 있었다), 이것저것 메모하는 게 습관인 나의 각종 문서들, 그리고 곡이 떠오를 때마다 대충 흥얼거리거나 건반으로 녹음해 둔 100곡이 넘는 아이디어 음원이 담겨 있었다. 나의 모든 인맥, 모든 아이디어, 모든 지적 재산들이 한순간 무용지물이 된 것이다. 통신회사의 광고 문구처럼 내 '생활의 중심'이던 폰이 날아가면서 내가 하는 모든 일을 '생각대로' 할 수 없게 되어버린 것이다.

당황과 후회가 가슴을 먹먹하게 한다 싶더니 곧바로 분노가 치밀어 오르기 시작했다. 새 소망으로 가슴 벅차게 시작한 새해가 시작부터 엉망이 되고 있었다. 어젯밤까지만 해도 모든 게 좋지 않았나. 그런데 한순간 그 모든 것이 망가진 것이다. 뭔가 심상찮은 분위기를 감지한 아내가 무슨 일이냐고 물었지만 대답하지 않았다. 정초부터 틀어진 내 감정을 아내에게 전가할 수도 없는 노릇 아닌가. 교회로 가는 길은 불과 차로 10분이지만, 운전하는 내겐 지옥 같은 시간이었다. 내 속에서 온갖 더러운 생각과 말이 용솟음치며 튀어나오고 싶어 야단이었다. 교회에 도착하자 입구에서 반가이 인사하시는 성도들께 억지 웃음을 짓고, "목사님, 새해 복 많이 받으십시오" 하는 장로님의 덕담에 속으로 '복은 무슨~ 제가 지금 어떤 상황인지 아시기나 하는 겁니까?' 소리치고 있었다.

　예배당에 들어가 맨 뒷자리에 앉자 곧 예배가 시작되었고 첫 찬송이 울려 퍼졌다. 정면의 영상엔 평소 사랑하는 찬송가 "주 하나님 지으신 모든 세계"의 가사가 떴다. 그런데 내 눈엔 딱 세 글자만 보였다. P! D! A! 그야말로 눈에 뵈는 것도, 들리는 것도 없었다. 오로지 PDA를 어떻게 하나 하는 생각뿐.

　"주 하나님 지으신 모든 세계 내 마음 속에 그리어 볼 때……." 그렇게 아무 생각 없이, 뜻 없이 입만 벙긋거리는 내 속으로부터 순간 하나님의 강력한 부르심이 다가왔다. 그 음성은 부드럽게, 그러나 준엄하게 이렇게 말씀하시는 듯했다. "민 목사야, 네가 두 손을 높이 들고 찬양하는 모습을 보고 싶구나."

　나는 황당하다 못해 분노 섞인 태도로 하나님께 항변하기 시작했다. 마치 하박국 선지자처럼 조목조목 논리적으로 그분께 따져 물었다. "주님, 지금 저에게 무리한 요구를 하시는 겁니다. 저는 지금 그럴 기분이 아니거든요. 주님도 너무하셨습니다. 제가 오늘 아침 얼마나 들뜬 마음으로 새해를 맞았는지 아시지 않습니까. PDA를 날리시려면 차라리 어젯밤에 날려버리시지. 그랬다면 말 그대로 송구영신이라 여겼을 텐데……. 새해 첫 아침 처음으로 겪은 일이 이런 거라니요. 주님, 그리고 제가 머리도 길고 청바지 입고 다닌다고 주님마저 저를 목사로 보시지 않는 겁니까. 제가 이래 뵈도 총신 출신입니다. 그리고 주님, 지금은 주일 대예배 시간입니다. 오후 찬

50

양예배도, 청년회 예배도, 금요철야도, 찬미목요예배도 아닙니다. 게다가 지금 우리가 부르는 노래는 CCM도, 경배와 찬양도, 복음성가도 아닌 거룩한 찬송가입니다. 어떻게 목사가 주일 대예배 시간에, 찬송가 부르다가 손을 들고 찬양합니까. 보수적인 교인들이 다 저만 쳐다볼 텐데요. 제가 평소에는 손 잘 들지 않습니까? 오늘만 좀 참아주십시오. 내일부터는 열심히 들겠습니다."

나는 논리적이긴커녕 내 실수조차 주님 탓을 하며, 그렇게도 쓰지 말라고 가르치고 다니던 '주일', '대예배' 같은 이원론적인 단어들까지 총동원해 하소연을 해대고 있었다. 그러나 주님의 부르심은 점점 더 강력해졌다. 주님은 내게 즉각적인 순종을 원하고 계셨다. 노래는 2절로 넘어가고 있었다. "숲 속이나 험한 산골짝에서……." 결국 2절 후렴이 시작될 때, 나는 '에라 모르겠다' 하는 심정으로 두 손을 번쩍 들어 올렸다.

그 순간 놀라운 기적이 일어났다! 갑자기 꺼져 있던 PDA에 전원이 들어오더니 마치 영화의 한 장면처럼 파일들이 되살아 돌아오며 복원되는 그런 기적!……은 결코 일어나지 않았다. (참고로 PDA를 절반 정도 수준까지 복원해내는 데 한 달이 넘게 걸렸다.) 그러나 그것보다 훨씬 놀라운 기적이 일어났다. 내가 손을 드는 순간 동시에 두 명이 더 두 손을 번쩍 든 것이다. 더욱 놀라운 기적은 이 두 사람이 누구냐 하는 것이다. 바로 우리 교회 담임목사님과 부목사님이셨다. 당시 우리 교회는 나를 포함해 목사가 세 명이었다. 담임목사님은 위 강대상에서, 부목사님은 아래 강대상에서, 나는 맨 뒷자리에 서 있었다.

Track3 할렐루야 echo

그렇게 세 명의 목사가 일직선으로 서서 동시에 두 손을 번쩍 드는 광경을 상상해 보라.

그리고……. 최고의 기적은 여기서부터다. 처음엔 목사님들이 새해 첫 예배에서 성도들에게 뭔가 보여주시려고 저러나 싶어하던 성도들이 한 사람씩 두 손을 들기 시작한 것이다. 평소에 손들고 찬양하고 싶었던 이들은 기다렸다는 듯이, 그런 게 쑥스럽고 어색한 장로님, 집사님들조차 쭈뼛거리며 두 손을 들기 시작했다. 마치 황무지에 나무들이 쑥쑥 자라나 숲이 우거지듯, 에스겔서의 죽음의 골짜기에 마른 뼈가 살아 일어나듯 하나둘 여기저기서 하나님을 향한 거룩한 두 손이 올라가고 있었다. 3절 후렴을 부를 때는 100여 명의 성도가 한 사람도 빠짐없이 두 손을 높이 들고 찬양하고 있었다.

어느 목사도 "우리 모두 두 손을 높이 들고 찬양합시다~"라고 말하지 않았다. 이건 실로 놀라운 광경이었다. 뒤에서 그 모습을 지켜보던 내 눈에서 눈물이 쏟아지기 시작했다. 내 눈을 가리고 있던 세 글자, PDA는 스르르 사라져갔다. 그리고 그 너머로 주님의 거룩하고 아름다운 보좌가 보이기 시작했다. "주님의 높고 위대하심을 내 영혼이 찬양하네……."

그 순간 깨달았다. 찬양의 능력, 예배의 감격은 배우는 것이 아니라 경험하는 것임을. 그리고 한 사람의 예배자가 공동체의 예배에 놀라운 기폭제가 될 수 있다는 것을. 만약에 그날, 그 순간 내가 끝까지 주님의 부르심에 응답하지 않은 채 노래만 웅얼거리고 있었다면 2006년 1월 1일은 정초부터 꼬인 내 인생 최악의 날로 기억에

남았을 것이다. 그러나 주님의 부르심에 응답했을 때 그날은 내 인생에서 최고로 멋진 예배를 드린 날, 가장 멋진 예배의 광경을 목격한 날로 기억에 남았다.

아파트 상가 지하에서 100여 명이 손 들고 찬양하던 대구 나눔과 섬김의 교회는 5년이 지난 지금, 새로 지은 예배당에서 800여 명의 성도가 하나님을 예배하고 있다. 이 이야기가 단순히 교회의 양적 성장에 예배가 기여했다는 식의 상투적인 간증으로 오해되지 않기를 진심으로 바란다. 나는 누구보다도 메가처치의 위험성을 경계한다. 그런 양적 성장보다 더 큰 축복은 그날 이후 우리 교회에서는 남녀노소를 무론하고 예배시간에 손 들고 박수치고 춤추며 찬양하는 게 당연한 일이 되었다는 사실이다.

예배와 찬양은 말이 아니라 태도다. 예배와 찬양은 배우는 것이 아니라 경험하는 것이다. 내가 경험하기 전까지는 내 말도 내 앎도 내 삶도 아니던, 수업시간마다 학생들에게 강조하던 이 두 가지 명제가 비로소 내 삶 속에서 증명되었다.

시편 71편을 읽어보라. 거기에는 인류 역사에서 가장 열정적인 찬송시가 기록되어 있다. "나는 항상 소망을 품고 주를 더욱 더욱 찬송하리이다 내가 측량할 수 없는 주의 의와 구원을 내 입으로 종일 전하리이다"(시 71:14, 15).

놀랍게도 이 찬송의 주인공은 '노인'이다. 다윗이라는 의견도 있고, 아니라는 의견도 있으나 분명한 건 작가가 노년에 고백한 노래라는 사실이다. 만약 다윗이 맞는면, 그의 생애 가장 열정적인 찬양은 단연 법궤가 돌아올 때 바지가 벗겨질 정도로 여호와 앞에 뛰놀던 때일 것이다.

그러나 본문의 고백은 젊은 시절의 열정과는 차원과 깊이가 다른 열정을 보여준다. 나이 듦과 열정의 역학관계를 생각해 본다. "나도 예전에는 참 뜨거웠는데……." 우리가 자주 하는 말이다. 물론 젊은 시절의 무모한 열정과 진짜 열정은 다르다. 젊을 때는 무조건 뜨거워지기 쉽고 평균온도도 높다. 그러나 나이가 들며 그 온도를 유지하는 사람을 찾기란 쉽지 않다. 오히려 더 뜨거워지는 사람은 거의 희박하다. 그러나 이런 사람이 세상을 바꾼다. 그리고 하나님께서 우리에게 원하시는 것도 이런 것이라 믿는다.

어떤 일로 하나님을 섬기든 그 일을 오래하면 할수록, 나이를 먹으면 먹을수록 더 열정적인 사람이 될 수 있다면……. 우리 모두는 지금보다 조금 더 뜨거워져야 한다. 열정은 전염성이 있어 뜨거움은 불길처럼 번져가고 주변을 변화시킨다. 그러다 보니 열정에는 거부반응도 따른다. 다 같이 뜨거우면 상관없는데 혼자 뜨거우면 주위 사람들의 눈총으로 더 낯 뜨겁게 느껴질지도 모르겠다. 그러나 참 열정으로 불타는 이들에게 이런 것은 아무런 장애도 될 수 없다.

살면 살수록, 또 나이 많아 늙어질수록 아마 다른 소망들은 하나씩 사라져 갈 것이다. 돈도, 명예도, 음악도, 사람도……. 결국 남는 것은 하나님을 향한 소망뿐이다. 다른 열정들은 사라져갈 것이다.

결코 예전 같진 않을 것이다. 그러나 나와 당신은 노인이 되어도, 흰머리가 늘어도, 지금보다 더 큰 열정으로 그분을 찬송하길 바란다. 거룩한 열정으로 더욱, 종일, 그분을 높이기 원한다.

수많은 예배현장과 예배하는 사람들을 접하며 깨달은 예배의 신비가 있다면, 가장 겸손한 사람이 가장 잘 예배한다는 사실이다. 가장 겸손한 사람이 가장 열정적이며 용감하다. 그래서 가장 적극적으로 예배한다. 가장 크게 외치는 사람이 가장 낮게 엎드린다. 기뻐 뛰며 예배하는 이들을 못마땅해하는 이들은 정작 엎드려야 할 때조차 체면 때문에 못하지 않던가. 그들은 결국 뛰지도 엎드리지도 못한 채 엉거주춤 성전의 마당만 밟고 돌아간다.

"즐거운 소리는 가장 겸손히 경의를 표할 때 수반되는 것"이라는 찰스 스펄전의 말을 기억하라. 시편 기자는 서로 모순되는 말들을 한데 모아 예배하는 태도를 가장 멋있게 가르친다. "여호와를 경외함으로 섬기고 떨며 즐거워할지어다"(시 2:11). 떨며 즐거워하는 예배자라니. 놀랍지 아니한가.

할렐루야 echo

민호기 사곡

언제 어디서나 무엇하든지
내 맘 속에 기쁨 숨길 수 없네
할렐루야

어느 곳에 가도 누굴 만나도
내게 있는 생명 전하고 싶네
할렐루야

할렐루야 할렐루야 할렐루야 주님께
할렐루야 할렐루야 할렐루야 찬미의 제사

우리는 기쁠 때, 감사할 때, 좋은 일이 있을 때, 찬양한다. 또한 슬플 때, 화날 때, 아플 때, 두려울 때, 일이 안 풀릴 때, 초조할 때, 쫄딱 망했을 때도 찬양해야 한다. 그러나 사실 후자의 상황에선 찬양보다 기도가 먼저 나온다. 기도가 절로 나올 뿐 아니라 평소보다 훨씬 오래할 수도 있더라.

   성경의 사람들도 마찬가지였다. 우리가 결코 오해해서는 안 되는 것이 그들도 '사람'이었다는 점이다. 그들도 시련 앞에선 눈물과

신음과 탄식이 앞섰을 것이다. 하나님을 향한 원망이 먼저였지 찬양이 먼저였던 경우는 그리 많지 않았다. 시편에 있는 탄식시도 대부분 노래하는 도중 탄식이 감사와 찬양으로 바뀐다. 어떻게 보면 웃기지 않은가.

우리말에 울다가 웃으면 신체에 어떤 변화가 일어나는지 나와 당신은 잘 알고 있다. 그들은 신세한탄을 하고, 어찌 잠잠하시나이까 하나님께 항변도 하고, 자기변론도 하고, 그러다 갑자기 정신을 번쩍 차려 하나님을 찬양한다. 그들은 결국 눈물을 흘리면서도 찬양했다. 심지어 노래 하지 안겠다는 내용을 노래로 불렀다.

우리가 이방에 있어서 어찌 여호와의 노래를 부를꼬(시 137:4).

그렇게 '애가'는 탄생되었다. 애가는 우리 삶의 가장 고결하고 아름답고 진실한 고백이다. 그럼에도 애가는 찬양의 궁극은 아니다. 우리는 끝내 기쁨과 감사와 승리의 찬양을 부르게 될 것이다. 애가를 부르는 눈물겨운 고백을 기쁨의 외침으로 바꾸실 것이다. 환란 중에 그쳐버릴 찬양이라면 세상의 노래와 무엇이 다른가. 오늘 우리가 즐겁게 부르는 이 모든 노래가 고난 중에도 그치지 않게 되기를 기도한다.

몇 해 전 몸이 이상해서 MRI 촬영을 한 적이 있다. 마치 관처럼 느껴지는 좁고 어두운 그곳에서 두려움에 떨던 나는, 무슨 생각이 었는지 기도 대신 감사 찬양을 부르기 시작했다. "거룩하신 하나님

주께 감사드리세 …… 내가 할 수 있는 것은 오직 감사와 기도 …… 감사해 시험이 닥쳐올 때 …… 감사해요 주님의 사랑 …… 날 구원하신 주 감사 ……" 그렇게 한 곡 한 곡 조용히 부르다 보니 검사는 끝이 났고, 나는 상황을 뛰어넘는 찬양의 선포가 얼마나 힘이 있는 것인지를 배우게 되었다.

많은 사람이 오해하는 것 중 하나가 찬양은 감정에 호소한다는 점인데, 사실 찬양의 성경적 위치는 감정의 영역에 속한 것이 아니다. 정작 성경에는 "마음을 다해 사랑하라"는 말씀은 있어도 "마음을 다해 찬양하라"는 표현은 찾아보기 어렵다. 오히려 찬양은 선포적 의미, 즉 사실의 인정, 확인에 가깝다.

"할렐루야 echo"라는 제목은 어떤 상황에서건 하나님을 찬양하기로 결정하고 인정한 우리의 고백들이 메아리처럼 이 세상 가운데 울려 퍼지는 것을 상상해 본 것이다. 일반적인 메아리의 특징은 소리가 반복되며 점점 작아진다는 것이다. 그러나 하나님을 찬양하는 외침이 우리 안에서부터 밖으로 점점 커져가는 모습, 누군가의 입에서 입으로 반복되고 전해질수록 점점 더 커져가는 모습을 상상해 보았다.

전능하신 무적의 하나님도 결코 이길 수 없는 것이 있다. 바로 '우리를 향한 기쁨'이다. "너의 하나님 여호와가 너의 가운데에 계시니 그는 구원을 베푸실 전능자이시라 그가 너로 말미암아 기쁨을 이기지 못하시며 너를 잠잠히 사랑하시며 너로 말미암아 즐거이 부르며 기뻐하시리라 하리라"(습 3:17). 우리를 향한 그분의 기쁨이, 그분

58

을 향한 우리의 기쁨으로 메아리치며 그 거룩한 보좌 앞에 되돌아가기를 기도하며 외쳐본다.

   할렐루야!
   할렐루야!!
   할렐루야!!!
   할렐루야!!!!

할렐루야 echo

민호기 사/곡

간주곡 Interlude 1
주일, 대예배, 준비찬송 유감

언어는 의식을 규정한다는 말은 진리에 가깝다. 우리는 말하는 대로 생각하고 행동하기 마련이다. 한국교회가 관용적으로 쓰는 표현 중 동의하기 힘든 몇 가지가 있다.

주일

일주일의 모든 날이 주님의 날인데, 특정한 하루를 '주일'이라 칭하는 것은 특별히 구분해 지킨다는 의미이겠지만, 그날 하루만 하나님께 바치면 다른 날은 '나의 날'로 살아도 된다는 식의 이원론에서 자유롭지 못하게 된다.

대예배

공동체의 가장 많은 인원이 한자리에 모인다는 의미에서 '큰 대大'를 사용한 것도 이해하지 못하는 바 아니나, 자칫 성도들에게 이 예배가 가장 '중요한' 예배며, 다른 예배는 '덜 중요한' 예배라는 오해를 불러일으킬 수 있다는 점에서 사용을 자제해 주기를 권면한다. 예배에 크고 작음이, 더 중요하고 덜 중요함이 어찌 있을 수 있단 말인가. 오죽하면 주님께서 '비 오는 수요예배'때 재림하신다는 우스개가 있을 정도로 성도 대부분은 이른바 '대예배'만 중요시하는 경향이 있다. '일요일 낮 예배'가 바람직한 표현이다.

준비찬송

  예배에 들어가기 전, 분주한 몸과 마음을 찬송 몇 곡 부르며 정돈하는 의미와 의도는 관용적 의미에서 공감이 가지만, 본 예배는 준비찬송이 끝나고 시작되는 것으로 생각하는 분들이 의외로 많다. 그래서 음악을 좋아하지 않는 이들은 일부러 찬양시간이 끝날 때쯤 예배당에 들어오기도 하고, 설교시간 전에만 도착하면 예배에 지각하지 않았다고 생각하기도 한다. 때문에 찬송을 하나님이 내리시는 은혜의 방편인 '말씀과 성례와 기도'보다 열등한 것으로, 혹은 예배 자체나 예배의 중요한 의식이라기보다는 단순히 흥을 돋우거나 분위기를 잡는 도구 정도로 가볍게 다루는 경향이 있다. 우리는 기억해야 한다. 찬양이 시작되는 순간 예배가 시작된다는 것을.

track 4

잠잠하라

한창 모든 일이 잘 풀리던 2003년 봄, 음반도 잘 팔리고 불러주는 곳도 많고 칭찬도 많이 듣고 게다가 이제 곧 아빠가 되려 하는 서른에 이른 해다. 10년 된 중고차 대신 새 차를 가계약 해두고, 10평 원룸을 떠나 33평 빌라로 이사를 가려고 하던 즈음, 어느 날 갑작스런 호흡곤란과 마비 증상으로 나는 생애 처음 구급차를 탔다. 그리고 이후 그 한 해 동안만 세 번을 더 타야 했다. 심지어 그 중 한 번은 오후예배 설교를 하다 도중에 나무토막처럼 뒤로 쓰러지며 실신해 온 성도의 가슴을 철렁 내려앉게 만들기도 했다. 병명을 찾기 위해 안 받아본 검사가 없었다. 집 근처 병원에서 서울대 병원까지 검사 비용만 수백만 원을 훌쩍 넘겼음에도 여전히 원인도 병명도 알 수 없었다. 그렇게 1년을 꼬박 누워 지냈다.

　모든 것이 그 자리에 멈춰 섰다. 내가 하는 일, 꿈과 계획, 가족, 음악……. 차라리 병명이라도 알면 어떤 조치라도 취할 텐데 내가 알 수 있는 것, 내가 할 수 있는 것은 아무것도 없었다. 그렇게 긴 터

널 같은 시간을 보내며 죽음 같은 나날이 계속되었다.

  그 어떤 고난의 순간에도 포기하지 않게, 그 어떤 승리의 순간에도 자고하지 않게 하는 가장 지혜로운 말이라는 "이 또한 지나가리라"This, Too, Shall Pass Away도 별 힘이 되지 못했다. 어떤 상황 속에서도 하나님의 뜻을 살피라고 늘 말해온 터라 이 병을 낫게 해달라는 기도는 차마 염치가 없는 듯 여겨졌다. 대신 나는 기도했다. 이 순간을 이겨나갈 수 있는, 이 상황을 헤아릴 수 있는, 살아 운동력 있는 하나님의 말씀 한 구절만 허락해 달라고. 그러나 누구나 다 아는 "두려워 말라 내가 너와 함께 함이라 놀라지 말라 나는 네 하나님이 됨이라" 같은 흔한 구절 말고, 성경 속에 꼭꼭 숨겨져 있던 보석 같은 특별한 말씀을 달라고 말이다. 그러나 주님은 1년이 다 되도록 나의 기도에 침묵하셨다.

  그러던 어느 날 저녁 무렵, 유일한 일과였던 짧은 산책 도중 벼락처럼 하나님의 말씀이 내 안에 임했다. 놀랍게도 그 말씀은 바로 이사야 41장 10절이었다. "두려워 말라 내가 너와 함께 함이니라 놀라지 말라 나는 네 하나님이 됨이니라 내가 너를 굳세게 하리라 참으로 너를 도와주리라 참으로 나의 의로운 오른손으로 너를 붙들리라."

  '이것 말고 다른 것 주세요'라고 1년을 기도했건만 하나님은 가장 당연하고 흔하고 내가 잘 알고 있는 말씀을 붙드는 법을 가르치고 계셨다. 집으로 돌아온 나는 노래를 하나 만들었고, 부를 무대조차 가질 수 없었던 난, 그냥 혼자 누워서 매일같이 이 노래를 불렀다.

어디서나 언제라도

민호기 사곡

소망을 잃고 두려움에 휩싸여 아무것도 할 수 없을 때
기대할 수 없는 수많은 일들 속에 어찌할 바 몰라 헤맬 때
그런 나에게 찾아오신 분
부드런 손길 힘 있는 음성

두려워 말라 내가 너와 함께 함이라
놀라지 말라 나는 너의 하나님 됨이라
어디서나 손 닿을 듯한 그곳에
언제라도 끝까지 함께 함이라

- 소망의 바다 Acoustic 〈좁은 길〉(2005)

그리고 놀랍게도 이 노래를 부른 지 채 한 달이 안 되어 나는 거짓말처럼 병상을 털고 일어나 원래 자리로 복귀했다. 개인적으로 신유의 은사라든가, 신비적인 체험 등을 별로 신뢰하지 않는 성향인지라 '기적' 같은 것은 잘 믿지도 바라지도 않는다. 나는 지금도 그때 상황이 이 노래가 불러일으킨 기적이라거나, 뭔가 초자연적 치유의 경험이라고 무작정 확대해서 해석하고 싶지는 않다. 1년간의 요양, 부모님과 아내의 헌신적인 간호, 비슷한 시기에 만난 좋은 의

사선생님, 처음 태어난 아들을 보며 의지를 다진 것 등이 때가 차서 건강이 회복되었을 가능성이 크다.

그럼에도 나는 믿는다. 그 말씀, 그 노래는 분명 나를 새롭게 했고, 내 마음과 생각과 영혼과 몸을 치료했다. 두려움은 여전했고 형편은 막막했지만 한 가지는 분명해졌다. 하나님은 상황을 변화시키시는 대신 나를 변화시키셨다. 그리고 내가 변하자 모든 것이 달라졌다.

말씀은 나에게 묻는다. "위기가 크냐, 믿음이 크냐?" 믿음이 더 크다면 위기는 기회가 된다. "사랑하는 나의 아버지"를 만든 예배음악사역자 밥 핏츠^{Bob Fitts}는 말한다. "삶에 예기치 않은 일이 닥칠 때, 그것을 누리라. 좋은 곡을 쓰는 것이 반드시 고난의 시간을 통과해야만 한다는 의미는 아니지만, 나는 어느 정도 그렇다고 생각한다."

소설가 박상륭 선생에 따르면 '아름다움'의 어원이 '앓음다움'이란다. 우리는 일평생 사랑을 앓고 사람을 앓고 시간을 앓고 병을 앓는다. 앓고 나서 다워진다면 나는 무엇다워졌을까. 부디 그분의 '자녀' 다워지길, '제자' 다워지길, '충직한 종' 다워지길.

마가복음 4장에 예수께서 폭풍을 잠잠케 하시는 장면은 성경의 여러 이야기 중 초대형급에 속할 것이다. 할리우드에서 성경 이야기를 블록버스터 영화로 만든다면 대체로 구약 이야기를 선호할 것 같다. 모세가 홍해를 가른 장면, 여리고 성의 격파, 기드온의 300 용사, 다윗과 골리앗, 요나와 큰 물고기 등, 딱 그림이 그려지지 않는

가. 그에 반해 신약은 규모 면에서 좀 약한 감이 없지 않다. 나사로를 무덤에서 불러내시는 장면은 놀랍긴 한데 등장인물의 수가 조금 빈약하다. 오병이어는 사람은 많은데 스펙터클이 부족하다.

그러나 이 장면은 여타의 기적과는 '급'이 다르다. 바다와 바람과 기상을 다스리시며 스스로 자연만물의 주관자이심을 선포하셨을 뿐 아니라 온 우주와 창조세계가 내 아래 있다 하는, 말하자면 친히 어떤 선을 그어버리신 것이다. 이어지는 마가복음 5장에는 거라사 광인을 고치셔서 어둠의 권세를 굴복시키시고, 혈루중 여인을 고치셔서 질병을 굴복시키시고, 야이로의 딸을 살리셔서 마침내 죽음마저 굴복시키시는 것으로 단계적인 이적을 보여주신다.

제자들이 바다를 건너다 큰 폭풍을 만났다. 그런데 그냥 폭풍도 아닌 '광풍'이라 불릴 만큼의 대규모였고 곧 물이 배에 가득해졌다. 여기서 흥미롭고 중요한 사실은 예수님을 태운 배도 폭풍을 만난다는 점이다. 게다가 자기들이 가자고 나선 것이 아니고 예수님이 가자고 하신 길이었다. 기억하라. 신앙생활 잘 하고 늘 주님의 명령에 순종하며 살아도 고난을 만날 수 있다. 그게 인생이다.

아프리카 격언에 따르면, 인생은 폭풍을 앞두고 있거나, 폭풍 속에 있거나, 이제 막 폭풍 속에서 나왔거나 이 세 가지 중에 하나라고 한다. 폭풍 없는 인생이란 없다는 뜻이다. 우리 인생은 자주 폭풍 속을 들락거린다. 때문에 폭풍을 피할 수 있다거나 피하는 방법을 얘기하는 건 전혀 성경적이지 않다. 오히려 교회는 폭풍에 맞서고 대처하는 법을 가르치는 것이 옳다.

다시 이야기로 돌아가 보자. 그때 예수님은 배 뒤편인 고물에서 베개를 베고 곤히 주무시고 계셨다. "우리의 죽게 된 것을 돌아보지 아니하시나이까"(막 4:38) 하며 제자들은 투정하듯 주님을 깨운다. 어쨌든 이게 해답이긴 하다. 폭풍 같은 인생에서 폭풍을 만나면 예수님을 깨우라. 그 다음은 알다시피 간단하다. 부스스 눈을 뜬 예수님의 한마디 "잠잠하라." 그리고 상황 종결. 아마도 제자들은 놀라움과 감격에 환호하며 난리가 났을 것이다. 이렇게 해피엔딩, 하며 끝나면 좋을 텐데 예수님의 질책이 이어진다. "너희가 어찌 믿음이 없느냐?"(막 4:40). 이 말은 바꾸자면 "너희가 지금 누구랑 있느냐?"와 같다. 믿음이란 '인식'이다. 폭풍에 맞서는 가장 간단한 방법은 바로 예수님과 함께함을 끊임없이 인식하는 것이다. 사람들은 말한다. "배가 가라앉잖아. 뭐라도 해야지." 우리는 답해야 한다. "예수님이 가자고 하신 길이잖아. 그냥 주님 곁에 누워 눈이나 붙이자." 우리와 세상은 그렇게 말이 통하지 않아야 한다.

그러나 사실 이것이 진짜 어렵다. 이론적으론 아는데, 어려움이 닥치면 자꾸 잊어버린다. 그렇기에 쉬지 않고 인식하고 상기해야 한다. 투정하듯 예수님을 깨우는 것보다 우선시해야 할 것은 주님이 누구신지, 그리고 주님과 함께 있다는 것을 끊임없이 인식하는 것이다. 어쩌면 고난이 닥쳤을 때 간구 기도보다 선행되어야 할 것은 주님과의 동행을 확인하는 것이다.

"저희가 심히 두려워하여 서로 말하되 저가 뉘기에 바람과 바다라도 순종하는고"(막 4:41). 제자들은 이렇게 고백한다. 신학적으로 말하자면, '놀라움에 대한 표현이 찬양적 종결로 끝맺음'이다. 웬만한 기적에 좀처럼 놀라움을 표시하지 않던 제자들이 입으로 그분의 크심을 표현하고 만다.

찬송가 "고요한 바다로"의 작가 어거스터스 몬테이그 톱레이디 목사는 어린 시절 아버지를 여의고 가난과 폐렴을 겪으며 자랐고, 목사가 된 이후에도 웨슬레 목사 형제와의 신학논쟁 등으로 고난이 끊이지 않았다.

1절의 고백은 무난하다. "고요한 바다로 저 천국 향할 때 주 내게 순풍 주시니 참 감사합니다." 그러나 2절은 놀랍다. "큰 물결 일어나나 쉬지 못하나 이 풍랑으로 인하여 더 빨리 갑니다."

나는 인식한다. 폭풍을 빠져나온 사람이 찬송할 수 있음을. 우리 삶 가운데 큰 폭풍우를 만날 때, 두려움과 떨림 앞에서 주님이 누구신지, 그 주님께서 나와 함께하심을 인식하자. 그리고 폭풍을 향한 그분의 명령을 기억한다면 믿음으로 선포해 보자.

잠잠하라. 모든 문제도, 어려운 시험도, 육신의 질병도, 마음의 고통도, 걱정과 근심과 두려움도 잠잠하라.

잠잠하라.

잠잠하라

민호기, 전영훈 사곡

큰 폭풍우 앞에서
두려워 떨고 있는 너의 모습
너의 한숨과 눈물
험한 바람과 거친 파도 같아

너는 일어나 주 앞에 서라

잠잠하라 잠잠하라
말씀하시는 주님의 음성

폭풍우 거칠수록 그 길 멈추지 말고
두려움 커질수록 주님 말씀 외쳐라

잠잠하라

부끄러운 고백이지만, 몇 해 전부터 비행공포증이 생겼다. 직업 특성상 비행기를 탈 일이 많은 내가 비행공포증이라니 얼마나 어이없고 당혹스러운 일인가. 덕분에 비행기를 탈 때마다 평소에 부족했던 기도의 양을 넉넉히 채우고 있다.

그런데 언제부터 이런 증세가 날 찾아왔는지 곰곰이 생각해 보니 다름 아닌 아내가 임신을 하고부터다. 참 역설적이게도 나는 두 아들이 있어 말로 표현 못할 만큼 행복하고, 또한 두 아들 때문에 너무나도 두렵다. 저 아이들이 혹 잘못될까, 아니면 저 아이들을 두고 내가 잘못될까 진심으로 두렵다.

존경하는 베르톨트 브레히트의 시 "아침저녁으로 읽기 위하여"는 내 마음을 대변한다.

> 내가 사랑하는 사람이 나에게 말했다.
> "당신이 필요해요."
> 그래서 나는 정신을 차리고 길을 걷는다.
> 빗방울까지도 두려워하면서.
> 그것에 맞아 살해되어서는 안 되겠기에.

노만 빈센트 필 박사가 분석한 바에 따르면 사람의 걱정거리는 실제로 일어나지 않은 일에 대한 걱정이 40퍼센트, 이미 지나간 일에 대한 걱정이 30퍼센트, 별로 중요하지 않은 일에 대한 걱정이 26퍼센트, 우리 힘으로 어쩔 수 없는 일에 대한 걱정이 4퍼센트다.

재미있게도 성경에 언급되는 근심은 59종이다. 59회[回]가 아니라 59종[種]이라는 사실은 의미심장하다. 요즘은 넘쳐나는 정보 덕분에 몸에 이상한 증세가 생기면 병원에 가지 않고 인터넷을 검색해 보

는 사람이 많다. 실은 별것도 아닌데 큰 병의 증세와 비슷하다 착각하고 지레 걱정하는 '건강염려증'이라는 병까지 생길 정도다. 사람들은 말 그대로 사서 걱정을 하고, 스스로 걱정거리를 만든다. 그러나 정작 진짜 큰 걱정거리가 생겼을 때는 어찌해야 할지를 모른다.

나는 나의 공포를 극복해내는 방책으로 '예배'를 선택했다. 두렵기에 예배한다. 잠잠히 예배한다. "폭풍우 거칠수록 그 길 멈추지 말고, 두려움 커질수록 주님 말씀 외쳐라."

스스로에게 명령해 본다. 잠잠하라.

잠잠하라

간주곡 Interlude 2
폭풍우를 통과하는 가장 멋진 방법

그렇게 누워 지내던 1년 동안 혼자서 '소망의 바다' 사역을 다녀야 했던 동역자 전영훈 목사 소망의 바다 미니스트리 대표는 집회가 끝나면 단 한 번도 빠짐없이 사례금의 절반을 나에게 보내주었다. 아픈 친구를 배려하여 사례의 일부를 보내는 것도 대단한 일인데 절반이라니. 게다가 합리적이고 상식적인 기준에서 절반이란 자신이 집회를 다녀오는데 사용한 기본적인 교통비나 식대 같은 경비를 제외한 나머지 금액의 절반이어야 마땅하다. 그런데 이 친구는 얼마나 비합리적이고 몰상식한지……. 받은 금액의 절반을 아낌없이 나에게 보내주었고, 덕분에 1년 동안 고생한 친구보다 집에서 누워 있는 내 수입이 더 많은 웃지 못할 상황이 벌어졌다. 그러나 나는 웃을 수 없었다. 대신 눈물이 났다. 그야말로 눈물겨운 우정이었고, 동료애였고, 그리스도의 사랑이었다.

나는 바로 이런 이유로 '소망의 바다'가 한국 최고의 CCM 팀이라 자신한다. 최고로 노래를 잘 하는 팀도, 최고로 좋은 음악을 만드는 팀도 아닐 수 있지만, 우리는 최고로 서로를 사랑하고 아끼는 팀이다.

그날 이후 그는 '친구'가 아닌 '형제'가 되었다. 요즘은 서로에게 새로운 사역의 장이 생겨 예전만큼 자주 보지는 못하지만 우리는 여전히 팀을 넘어선 한 가족이다.

폭풍우를 통과하는 가장 멋진 방법은 누군가와 함께 힘을 합쳐 그곳을 헤쳐 나오는 것이다.

TRACK 5

속 사람

가끔 이런 섬뜩한 상상을 해본다. 만약에 나를 향한 하나님의 인내심이 바닥나서, 내가 찬양하고 말씀을 전하는 동안 갑자기 무대 뒤 대형 스크린에 내가 남들이 안 볼 때 하는 '짓'이나 '생각'을 하나님이 비춰버리신다면……. 이 무슨 엄청난 대형사고인가. 아마도 그 자리에 앉아 있을 사람은 단 한 명도 없을 것이다. 나를 사랑해주는 팬, 오랜 시간을 함께해 온 동역자, 심지어 가장 가까운 가족마저도 나에게 실망하고 치를 떨며 떠나버릴 것이다.

진실로 고백한다. 나는 그런 사람이다. 치명적 범죄가 공개되어 수치를 당한 사역자와 나의 차이는 단 하나다. 그는 알려졌고, 나는 알려지지 않았을 뿐이다. 우라사와 나오키의 표현처럼 내 안의 괴물은 호시탐탐 나를 잡아먹으려 노리고 있는 것만 같다. 때로는 다중인격처럼 내 안에 서로 다른 수많은 내가 있어서 어느 것이 진짜 나인지조차 불분명해져버린 듯한 느낌 말이다.

'시인과 촌장' 하덕규의 노래 "가시나무"를 만난 열여덟의 봄을

기억한다. 자의식이 자라나던 사춘기 시절, 그때부터도 내 안엔 편할 날이 없었나 보다.

> 내 속엔 내가 너무도 많아 당신의 쉴 곳 없네
> 내 속엔 헛된 바램들로 당신의 편할 곳 없네
> 내 속엔 내가 어쩔 수 없는 어둠 당신의 쉴 자리를 뺏고
> 내 속엔 내가 이길 수 없는 슬픔 무성한 가시나무 숲 같네
> 바람만 불면 그 메마른 가지 서로 부대끼며 울어대고
> 쉴 곳을 찾아 지쳐 날아온 어린 새들도 가시에 찔려 날아가고
> 바람만 불면 외롭고 또 괴로워 슬픈 노래를 부르던 날이 많았는데
> 내 속엔 내가 너무도 많아서 당신의 쉴 곳 없네

남들이 인정해 주고 사랑해 주는 '무대 위의 내'가 진짜 나인지, 남들이 보지 못하는 곳 '무대 아래의 내'가 진짜 나인지. 편집된 듯한 나의 삶을 보며 어느 한 쪽은 철저한 연기로 지독하게도 이중적이고 가증스러운 삶을 살고 있는 건 아닌지 하나님 앞에, 또 나를 믿고 사랑해 주는 이들 앞에 늘 송구스러울 따름이다. 때문에 가끔 내가 존경하는 목회자나 예배사역자, 좋아하는 아티스트, 영향 받은 책의 저자들의 숨은 속사람이 궁금해지기도 한다. 그들은 나와 달리 선하고 아름다운 생각만 하며, 정결한 말만 입에 담고, 죄악 된 행동은 결코 하지 않으며, 어떤 유혹에도 흔들리지 않고 사는 것일까. 나는 그렇지 않을 가능성이 더 크다는 걸 알면서도 정말로 그

럴 거라 믿고 싶다.

    스무 살에 만난 본회퍼는 그의 뜨겁던 삶과 죽음보다 나치에 수감되어 순교하기 불과 얼마 전에 쓴 이 한 편의 시로 기억되었다.

나는 무엇?
남들은 가끔 나더러 말하기를
감방에서 나오는 나의 모습이
어찌 침착하고 명랑, 확고한지
마치 자기 성에서 나오는 영주 같다는데

나는 무엇?
남들은 가끔 나더러 말하기를
감시원과 말하는 나의 모습이
어찌 자유롭고 친절, 분명한지
마치 내가 그들의 상전 같다는데

나는 무엇?
남들은 또 나에게 말하기를
불행한 하루를 지내는 나의 모습이
어찌 평온하게 웃으며 당당한지
마치 승리만을 아는 투사 같다는데
남의 말의 내가 참 나냐?

나 스스로 아는 내가 참 나냐?

새장에 든 새처럼 불안하고 그립고 약한 나

목을 졸린 사람처럼 살고 싶어 몸부림치는 나

색과 꽃과 새소리에 주리고

좋은 말 따뜻한 말동무에 목말라하고

방종과 사소한 굴욕에도 떨며 참지 못하고

석방의 날을 안타깝게 기다리다 지친 나

친구의 신변을 염려하다 지쳤다

이제는 기도에도, 생각과 일에도

지쳐 공허하게 된 나다

이별에도 지쳤다 - 이것이 내가 아닌가?

나는 무엇?

이 둘 중 어느 것이 나냐?

오늘은 이 사람이고 내일은 저 사람인가?

이 둘이 동시에 나냐?

남 앞에선 허세, 자신 앞에선 한없이

불쌍하고 약한 난가?

이미 결정된 승리 앞에서

무질서에 떠는 패잔병에 비교할 것인가?

나는 무엇?

이 적막한 물음은 나를 끝없이
희롱한다
내가 누구이든
나를 아는 이는 오직 당신뿐
나는 당신의 것이외다
오! 하나님

가장 존경하는 이 또한 나처럼 그러하다니, 나는 조금 안심이 된다. 그의 신학적 업적도, 의로운 선택도, 불꽃같은 죽음도 존경하지만, 그를 크게 보는 사람들 앞에서 남들이 보지 못하는 속사람으로 괴로워하는 한 남자가 보여 나는 진심으로 위안을 받았다. 그렇다고 마냥 남의 연약함을 보고 안심하고 기뻐할 수만은 없는 것 아닌가. 나는 자주 어리석은 이스라엘의 왕들을 생각해 본다. 그들은 크게 두 종류다.

"여호와 보시기에 악을 행하여 이스라엘로 범죄케 한 느밧의 아들 여로보암의 죄를 좇고 떠나지 아니하였으므로"(왕하 13:2). 왕좌에 앉으면 선왕의 악행을 그대로 답습한다. 답답하리만치 그는 이전의 죄악들에서 한 치도 벗어나질 못한다.

다음 경우는 좀 나아진 듯 보이나 오히려 더 고질적이고 심각하다. "요아스가 제사장 여호야다의 교훈을 받을 동안에 여호와 보시기에 정직히 행하였으되 오직 산당을 제하지 아니하였으므로 백성이 오히려 산당에서 제사하며 분향하였더라"(왕하 12:2, 3). 나름 깨

끗하고 잘하는 면도 있는데, 오직 하나 그 놈의 '산당'이 뭔지, 그걸 끝내 제거해내지 못했다. 이건 요아스의 이야기가 아니다. 바로 나와 당신의 이야기다. 우리 안에 제거해내지 못한 산당이 건재하는 한 우리의 속사람은 '오호라' 하며 탄식할 수밖에 없다.

존 맥스웰의 조언을 들어보라. "당신이 매일 하고 있는 것을 바꾸기 전까지는 절대로 당신 삶을 바꿀 수 없을 것이다."

달라스 윌라드의 정확한 지적이다. "충분한 육체의 훈련 없이 경기 중에 뛰어난 활약을 기대하는 야구선수보다, 필요한 영적 훈련 없이 주님의 방법으로 시험을 이겨낼 수 있다고 생각하는 그리스도인이 더 우스운 것이다."

C. S. 루이스의 말이다. "지옥으로 내려가는 길은 어느 날 갑자기 뚝 떨어지는 길이 아니다. 그 길은 약간 내리막길이다."

사람이 가장 걷기 편하고 좋은 길이 무엇인지 아는가? 바로 약간 내리막길이다. 거의 확신하건대 우리는 편해지면 타락하는 존재다. 돈이 좀 생기고, 명예와 인기를 얻으며, 힘 있는 자리에 오르는 그 순간이 실은 가장 위태로운 순간이다. 기억하라. 높이 올라갈수록 떨어지면 크게 다친다. 로마서 7장은 그래서 괴롭고도 고맙다.

"내 속 곧 내 육신에 선한 것이 거하지 아니하는 줄을 아노니 원함은 내게 있으나 선을 행하는 것은 없노라 내가 원하는 바 선은 하지 아니하고 도리어 원치 아니하는 바 악은 행하는도다 만일 내가 원치 아니하는 그것을 하면 이를 행하는 자가 내가 아니요 내 속에 거하는 죄니라 그러므로 내가 한 법을 깨달았노니 곧 선을 행하기 원하는 나에게 악이 함께 있는 것이로다 내 속 사람으로는 하나님의 법을 즐거워하되 내 지체 속에서 한 다른 법이 내 마음의 법과 싸워 내 지체 속에 있는 죄의 법 아래로 나를 사로잡아 오는 것을 보는도다 오호라 나는 곤고한 사람이로다 이 사망의 몸에서 누가 나를 건져 내랴"(롬 7:18-24).

사도 바울의 토로는 내게는 곧 희망이다. 내가 원치 아니하는 것을 행하는 자가 '내'가 아니요 '내 속에 거하는 죄'라는 그의 변명 같은 논증조차도 힘이 될 지경이다. 죄의 법 아래로 사로잡혀 오는 속사람을 바라보는 그의 시선은 영화 〈미션〉에서 로버트 드니로가 연기한 구도자의 고행과 참회를 떠올리게 한다.

"오호라 나는 곤고한 사람이로다." 그의 탄식은 나를 포함한 모든 그리스도인을 대변한다. 나는 지금 가슴을 치며 탄식하고 있다.

바울신학의 대가 제임스 던은 말한다. "바울은 회심의 시작 자체가 육신으로부터의 해방이나 육신의 소멸을 이루는 것이 아니고, 죄의 권세에 대한 즉각적이고 영원한 승리를 가져오는 것도 아니다. 오히려 생명을 증거하는 징표는 영적인 전투다." 이 치열하고도 거룩한 영적 전투에 대해 내가 아는 분명한 바는 매우 길고 지루한 싸움이 될 것이라는 사실이다. 7장을 맺는 바울의 결론은 다소 기묘하다. "우리 주 예수 그리스도로 말미암아 하나님께 감사하리로다 그런즉 내 자신이 마음으로는 하나님의 법을, 육신으로는 죄의 법을 섬기노라"(롬 7:25). 그런 자신의 곤고한 속사람에도 불구하고 하나님께 감사한다. 엉망진창인 자신을 뻔뻔하게 혹은 담대하게 감

사의 제사로 올려드린다. 그리고 폭풍처럼 이어지는 바로 다음 장의 수많은 명 선포들을 기억해 보라.

"그러므로 이제 그리스도 예수 안에 있는 자에게는 결코 정죄함이 없나니 이는 그리스도 예수 안에 있는 생명의 성령의 법이 죄와 사망의 법에서 너를 해방하였음이라"(롬 8:1, 2).

"무릇 하나님의 영으로 인도함을 받는 그들은 곧 하나님의 아들이라 너희는 다시 무서워하는 종의 영을 받지 아니하였고 양자의 영을 받았으므로 아바 아버지라 부르짖느니라"(롬 8:14, 15).

"이와 같이 성령도 우리 연약함을 도우시나니 우리가 마땅히 빌 바를 알지 못하나 오직 성령이 말할 수 없는 탄식으로 우리를 위하여 친히 간구하시느니라"(롬 8:26).

"우리가 알거니와 하나님을 사랑하는 자 곧 그 뜻대로 부르심을 입은 자들에게는 모든 것이 합력하여 선을 이루느니라"(롬 8:28).

"누가 우리를 그리스도의 사랑에서 끊으리요 환난이나 곤고나 핍박이나 기근이나 적신이나 위험이나 칼이랴 기록된 바 우리가 종일 주를 위하여 죽임을 당케 되며 도살할 양같이 여김을 받았나이다 함과 같으니라 그러나 이 모든 일에 우리를 사랑하시는 이로 말미암아 우리가 넉넉히 이기느니라 내가 확신하노니 사망이나 생명이나 천사들이나 권세자들이나 현재 일이나 장래 일이나 능력이나 높음이나 깊음이나 다른 아무 피조물이라도 우리를 우리 주 그리스도 예수 안에 있는 하나님의 사랑에서 끊을 수 없으리라"(롬 8:35-39).

로마서 7장과 8장은 이다지도 대조적이다. 주님은 대조적인 나와 내 속사람을 이렇게 이끌어가실 것이다. 여전히 나는 터무니없는 존재지만 하나님의 사랑은 내 모든 죄악보다 크고 강하다.

윤미라의 시 "그릇을 닦으며"는 나의 다른 안팎을 더욱 진지하게 들여다보게 한다.

어머니,
뚝배기의 속 끓임을 닦는 것이
제일 힘든 줄 알았어요.
그런데
차곡차곡
그릇을 포개 놓다가
보았어요,
물때 오른 그릇 뒷면
그릇 뒤를 잘 닦는 일이
다른 그릇 앞을
닦는 것이네요.
내가 그릇이라면,

*서로 포개져
기다리는 일이 더 많은
빈 그릇이라면,
내 뒷면도 잘 닦아야 하겠네요.
어머니,
내 뒤의 얼룩
말해 주셔요.*

잘 보이지 않는 나의 뒷면을 잘 닦는 것이 다른 그릇의 앞을 닦는 일이라니. 서로 포개져 기다리는 일이 더 많은 내 뒤의 다른 그릇들을 위해서라도 나의 속사람을, 달의 뒷면처럼 차갑고 어두운 내 뒷모습을 잘 단장해야겠다.

속 사람

민호기 사곡

내 맘 어두운 곳
거기 오랫동안 숨어 살아온
속 사람이 있어
때때로 고개 내밀어 나의 삶 부끄럽게 하네

밤길을 걷듯이 알 수 없는 나의 속사람
무얼 원하는지
그분의 뜻 따르기보다
내 것만 고집하며 버텨 서있네

언제쯤일까
내 모습 한 점 부끄럼 없이
어엿이 그 분 앞에 서는 것
몸부림칠수록 커져가는 두려움
나 숨길 수 없네

난 어쩔 수가 없는 건가 봐
난 숨길 수가 없는 건가 봐
내 안에 있는 이 더러움들

내 안에 있는 이 지겨움들

난 지울 수가 없는 건가 봐
난 버릴 수가 없는 건가 봐
날 둘러 싼 이 모든 것들을
날 에워 싼 이 두려움들을

칼 바르트는 '한 손에는 성경, 한 손에는 신문'이라는 말을 남겼다. 사역자의 균형감과 별개로 이런 생각을 해본다. 이를테면 목사가 한 손엔 성경, 한 손엔 음란잡지를 들고 있다. 어디에 더 영향을 받을까? 정답은 '더 많이 보는 쪽'이다. 여전히 악한 편의 영향을 받기 십상인 나는 주님을 더 많이 바라보고, 그분의 음성에 더 귀 기울이고, 그분에 대해 더 생각하고 알아가며, 그분을 더욱더 노래하기 원한다.

 이 노래 "속 사람"은 지금껏 내가 만든 모든 노래 중, 가장 오랜 시간이 걸려 완성한 곡이다. 평소 나는 노래를 빨리 만드는 편에 속한다. 콘셉트concept를 정하고 구상하는 데는 시간을 들이지만, 막상 가사를 쓰고 건반 앞에 앉으면 금방 뚝딱 써 버리는 스타일이다. 참고로 큰 성공을 거둔 "하늘소망"은 10여 분, "그댄 다시 시작할 수 있어요"는 불과 5분 만에 곡과 가사가 동시에 나왔다. 그에 반해 이 노래는 처음 초안을 잡고부터 완성까지 7년이 걸렸다. 고치고 또 고치고, 그러다 또 몇 년을 내버려두기도 하며 그렇게 이 곡은 나를 불편하게 했다. 평생 완성시키지 못하리란 생각까지 하다 어찌어찌 마무리를 했다. 물론 훌륭한 곡은 오래 쓴다고 나오는 것이 아니라는 걸 깨닫긴 했지만.

정작 완성된 곡을 들은 주변의 반응은 생뚱맞다는 것이 대부분이었고, 심지어 아내는 이 곡을 음반에 수록하는 것을 결사반대하기도 했다. 결론이 이런 노래가 어떻게 찬양일 수 있냐는 물음에 나는 그분 앞에 서기까지의 내 삶이 이처럼 결론이 없을 것이라 답해 주었다. 아마도 평생 나는 온전함에 이르지 못한 채 스스로의 죄성을 괴로워하며, 속사람과 더불어 살아야 할 것임을 잘 알고 있다. 그를 어르고 달래며, 때론 그로 인해 아파하며, 때론 그를 탓하고 벌하며, 그러나 그 역시 어쩔 수 없는 '나'임을 인정하며 그분 앞에 데려가야 할 것이 분명하다.

박찬욱 감독의 영화 〈박쥐〉를 보며, 흡혈귀가 된 사제가 탐욕과 성욕과 강력해진 힘을 스스로 주체하지 못해 괴로워하는 모습에 자화상을 보듯 깊이 감정이입이 되었다. 극장에서 시종 내내 느낀 아픔과 불편함이란……. 이 노래 편곡의 과격함은 거기서 영향 받았음을 고백한다. 마치 서로 다른 두 곡을 어설프게 붙여놓은 것처럼, 클래식적이고 서정적인 전반부가 지나면 암울하고 기괴하고 시끄럽고 불편한 후반부가 이어진다. 마치 내 앞면과 뒷면 같아 아프고도 정이 간다.

속 사람

민호기 사/곡

TRACK 6

하나님의 거룩 앞에

기도할 때 당신이 가장 먼저 부르는 하나님의 이름은 무엇인가? 살아 계신 하나님, 좋으신 하나님, 전능하신 하나님, 사랑의 하나님, 은혜로우신 하나님 등. 내가 가장 많이, 그리고 가장 먼저 부르는 하나님의 이름은 바로 '거룩하신 하나님'이다. 내가 가장 집중하고 집착하며 소유하고픈 성품 또한 '거룩함'이다. 이유는, 당연히 내가 전혀 거룩하지 않기 때문이다. 그래서 "내가 거룩하니 너희도 거룩하라"(레 11:44)는 그분의 말씀은 가장 큰 도전이며 동시에 가장 부담스러운 명령이다.

나뿐 아닌 누구라도 하나님의 거룩에 대한 오래된 이미지는 단연 종교적 신성함이나 엄숙주의 같은 것이었다. 이를 종교철학자 루돌프 오토$^{R.\ Otto}$는 "신비스럽고, 두려우면서도 매혹적인 것$^{Mysterium\ tremendum\ et\ fascinanas}$과의 만남"이라 하면서 '누미노제'^{Numinose}라는 용어를 사용했다. 이는 '명확한 표상을 이룰 수 없는 초자연적 존재'라는 의미의 라틴어 '누멘'^{numen}에서 비롯한 신조어로 과학적으로는 설명

94

될 수 없는 초자연적 신비의 경험이라는 의미를 내포하고 있다. 어떤 사람이 종교적 체험을 할 때 두렵고 떨리면서도 신비스럽고 초월적인 무언가를 함께 느끼며 절대자와의 합일에서 오는 안정감과 절대 평안을 느끼게 된다는 것인데, 실제로 우리가 예배 때 하나님의 임재 앞에서 느끼는 경외감이나 성령 체험, 은사 체험 등을 이를 통해 설명하기도 한다. 매트 레드맨은 주님에 대한 두려움과 우정이 만날 때 이 신비는 최고조에 달한다고 멋지게 표현했다.

실제로 모태신자로 평생을 살아온 내게도 이런 경험 한 자락쯤은 있다. 몇 해 전 찬미워십 첫 음반의 녹음을 마무리하느라 엔지니어와 녹음실에서 며칠 밤을 새며 믹싱 작업에 몰두하고 있었다. 잠시 쉬는 시간 엔지니어는 밖에 바람을 쐬러 나갔고, 나는 혼자 불 꺼진 텅 빈 녹음실 부스에 들어가 피아노 앞에 앉았다. 그저 별 뜻 없이 건반을 두드리다 문득 섬뜩할 만큼 두렵고도 설명할 수 없으리만치 신비로운 느낌에 휩싸였다. 그 어두컴컴한 녹음실 피아노를 향해 한 줄기 조명이라도 떨어지는 듯 마치 하나님의 빛이 나를 둘러싸고 있는 것 같았다. 내 입에서는 노래가 흘러나왔다.

거룩 존귀

민호기 사곡

거룩 거룩 거룩하신 주
주님은 홀로 거룩

존귀 존귀하신 주
주 앞에 내가 섭니다

거룩 거룩 거룩하신 주
존귀 오 존귀 존귀하신 주

- 찬미워십 1집 〈Renew Our Days〉(2005)

혼자서 눈물을 흘리며 불렀던 이 노래는 급하게 히든 트랙으로 앨범에 실렸고, 이 곡을 대할 때마다 그날의 신비로운 체험이 생생해진다. 그러나 문제는 이런 경험과 기억을 두고도 현실의 나는 그다지 거룩해지지 않았다는 것이다. 거룩에 대한 이미지는 있으되 실제로 거룩해지지는 않는 삶이라니……. 나는 물음표를 띄워 올렸다. 거룩이란 무엇이며 어떻게 하면 진정 거룩해질 수 있는가.

거룩을 추구한 하나님의 사람들은 대충 세 가지 부류로 구분되는 것 같다.

첫째, 몸과 영혼의 순결을 지키려 속세를 떠나는 수도사 같은 경우.
둘째, 방탕의 끝까지 다 경험해 보고 그 허무함을 알아 하나님께 돌아온 어거스틴 같은 경우.
셋째, 끊임없이 갈등하며 죄와 회개를 반복하는 우리 대부분의 경우.

깨달음은 그리 오래 걸리지 않았다. 거룩에 대해 고민하는 내게 하나님께서 보여주신 답은, 거룩이란 무언가 대단한 행위가 아니라 그저 하나님 앞에서 솔직해지는 것이다.

대 선지자 이사야 역시 처음으로 하나님의 거룩 앞에 서게 되었을 때 본의 아니게 자신의 모든 것이 드러나버리는 난감함을 경험한다. 숨기려고 해도 숨길 수 없는 그 거룩한 임재 앞에 서니 그의 실체가 여지없이 드러나버린 것이다. 자신쯤 되면 나름 거룩하다 생각하며 살아왔을 터이기에 그의 난감함은 더욱 절망적이다. "화로다 나여 망하게 되었도다"(사 6:5). 적나라하게 바꿔 말하자면 "나는 이제 죽었다" 쯤 되겠다.

더 솔직한 고백이 바로 따라 나온다. "나는 입술이 부정한 사람이요"(사 6:5). 그 잘난 입술로 하나님의 말씀을 대언한답시고 바른 말도 하고 이스라엘 백성의 패역도 지적했지만, 결국 그 자신 역시 부정하기는 매한가지였음이 하나님의 거룩 앞에 대책 없이 드러난 것이다. '입술의 부정함'이란 표현이 자신의 죄악에 대한 상징적인 의미인지, 실제로 이사야가 말실수를 많이 했는지 여부는 확인할 수 없지만, 큰 죄든 사소한 일상의 죄든 그분 앞엔 감출 수가 없었고 그는 그저 하나님 앞에 시인하고 자백할 수밖에 없었다. 하나님의 거룩 앞에 서는 것은 이다지도 두렵고 떨리는 일이다. 그러나 주님이 원하시는 거룩은 바로 그분 앞에서의 '솔직함'이었고, 자신의 거룩치 못함을 자백하는 이사야에게 주님은 말씀하신다. "네 악이 제하여졌고 네 죄가 사하여졌느니라"(사 6:7). 그리고 비로소 거룩이 무엇인지 알게 된 이사야는 그분의 부르심 앞에 겸손히 답한다. "내가 여기 있나이다 나를 보내소서(사 6:8).

예레미야, 에스겔, 호세아 등 대부분의 선지자들은 선지서 1장에서 바로 부르심을 입은 후 사역을 시작한다. 그러나 이사야는 특이하게도 사역을 하다 6장에 와서 하나님의 거룩을 맛보고 그의 부르심을 다시금 확인 받는다. 이사야 1장에서 5장까지 그는 나름대로 많은 사역과 많은 말을 했다. 그러나 하나님의 거룩 앞에 선 그는 다시 원점으로 돌아왔다. 하나님의 직접적인 만지심과 정결케 하심을 경험하고, 새롭게 자신의 삶을 헌신한 후 그의 삶은 변화되었다. 무엇보다 그는 이전에 선포한 말씀과 차원이 다른 것을 선포하기 시작했다. 그것은 바로 '예수 그리스도'에 대한 것이다. 이사야는 하나님의 거룩을 마주한 후 구약성경을 통틀어 예수님에 대해 가장 많은 것을 예언한 사람이 되었다.

"그러므로 주께서 친히 징조로 너희에게 주실 것이라 보라 처녀가 잉태하여 아들을 낳을 것이요 그 이름을 임마누엘이라 하리라"(사 7:14).

"이는 한 아기가 우리에게 났고 한 아들을 우리에게 주신 바 되었는데 그 어깨에는 정사를 메었고 그 이름은 기묘자라, 모사라, 전능하신 하나님이라, 영존하시는 아버지라, 평강의 왕이라 할 것임이라"(사 9:6).

"이새의 줄기에서 한 싹이 나며 그 뿌리에서 한 가지가 나서 결실할 것이요 여호

98

와의 신 곧 지혜와 총명의 신이요 모략과 재능의 신이요 지식과 여호와를 경외하는 신이 그 위에 강림하시리니"(사 11:1, 2).

"그는 주 앞에서 자라나기를 연한 순 같고 마른 땅에서 나온 줄기 같아서 고운 모양도 없고 풍채도 없은즉 우리의 보기에 흠모할 만한 아름다운 것이 없도다 그는 멸시를 받아서 사람에게 싫어 버린 바 되었으며 간고를 많이 겪었으며 질고를 아는 자라 마치 사람들에게 얼굴을 가리우고 보지 않음을 받는 자 같아서 멸시를 당하였고 우리도 그를 귀히 여기지 아니하였도다 그는 실로 우리의 질고를 지고 우리의 슬픔을 당하였거늘 우리는 생각하기를 그는 징벌을 받아서 하나님에게 맞으며 고난을 당한다 하였노라 그가 찔림은 우리의 허물을 인함이요 그가 상함은 우리의 죄악을 인함이라 그가 징계를 받음으로 우리가 평화를 누리고 그가 채찍에 맞음으로 우리가 나음을 입었도다 우리는 다 양 같아서 그릇 행하여 각기 제 길로 갔거늘 여호와께서는 우리 무리의 죄악을 그에게 담당시키셨도다"(사 53:2-6).

더 놀라운 것은 이제부터다. 드디어 사역을 시작하신 예수님이 공식석상에서 처음으로 펴서 읽으신 성경이 무엇인지 아는가. 바로 이사야서다. 주님은 그 자신의 종이었던 이사야의 글 61장을 인용하여 말씀하신다.

"예수께서 그 자라나신 곳 나사렛에 이르사 안식일에 늘 하시던 대로 회당에 들어가사 성경을 읽으려고 서시매 선지자 이사야의 글을 드리거늘 책을 펴서 이렇게 기록된 데를 찾으시니 곧 '주의 성령이 내게 임하셨으니 이는 가난한 자에게 복음을 전하게 하시려고 내게 기름을 부으시고 나를 보내사 포로 된 자에게 자유를, 눈 먼 자에게 다시 보게 함을 전파하며 눌린 자를 자유롭게 하고 주의 은혜의 해를 전파하게 하려 하심이라' 하였더라 책을 덮어 그 맡은 자에게 주시고 앉으시니 회당에 있는 자들이 다 주목하여 보더라 이에 예수께서 그들에게 말씀하시되 이 글이 오늘 너희 귀에 응하였느니라 하시니"(눅 4:16-21).

주님은 거룩해진 이사야의 헌신과 결단의 다짐을 마음에 담아 두고 계셨다.

영화 〈베켓〉^{Becket, 1964}은 영국의 왕 헨리 2세와 그의 술친구 토마스 베켓의 이야기다. 헨리 2세는 여자들과 즐기고 전쟁을 일으키고 세금을 물리기 위해 자기 마음대로 행동할 수 있는 무제한적인 권력을 원했으나 당시 독립적인 권위를 지닌 영국 교회의 지도자인 대주교가 눈엣가시였다. 대주교는 헨리 2세의 계획을 자주 좌절시켰기 때문이다. 헨리 2세는 이 문제를 해결하기 위해 자신의 '술, 여자, 가무' 친구인 토마스를 대주교로 임명하는 기발한 결정을 내리게 된다. 그러나 전혀 예상치 못한 문제가 터진다. 대주교로 임명된 토마스가 자신에게 주어진 새로운 소명, 즉 '하나님의 종이 되라는 부르심'을 진지하게 받아들이고 이제는 왕이 아니라 하나님을 섬기기로 결심한 것이다. 헨리 2세는 그의 친구가 대주교직을 적당히 수행하면서 옛 친구의 바람을 들어주도록 그를 누누이 설득했으나,

이제 하나님의 종이 되기로 결심한 토마스 베켓은 꿈쩍도 하지 않았다. 자신의 직분에 충실했던 토마스는 결국 캔터베리 대성당에서 왕이 보낸 암살자들에게 순교를 당하게 된다.

「영화와 영성」 IVP의 저자 로버트 존스톤은 고백한다. 그가 목사가 되라는 소명을 잘 받아들이지 못한 것은 목사는 먼저 거룩한 사람이어야 한다는 생각 때문이었다고. 그런 그가 이 영화를 보고 나서 하나님이 그분의 성령을 통해 하시는 말씀을 들었다. "네가 거룩할 필요는 없다. 토마스도 거룩하지 않았다. 넌 다만 내 부르심에 순종하기만 하면 된다."

그는 토마스처럼 응답했다. "하나님, 제 전부를 다해 충성하겠습니다."

나 역시 토마스 베켓처럼, 로버트 존스톤처럼 하나님 앞에 고백한다.

"거룩하신 하나님, 저는 전혀 거룩하지 않습니다. 그러나 제 전부를 다해 주님의 부르심에 순종하며 충성하겠습니다."

하나님의 거룩 앞에

민호기 사곡

용서받지 못할 죄도

포기 못할 욕심도

내세우고픈 자랑도 없네

끊지 못할 악한 습관도

고치지 못할 병도

잊을 수 없는 상처도 없네

하나님의 거룩 앞에

겸손한 자가 설 수 있는 곳

거룩 거룩 거룩 완전하신 주

거룩 거룩 거룩 영원하신 하나님

몇 해 전 생애 최악의 슬럼프를 겪었다. 역설적이게도 당시는 하는 일도, 가정도, 인간관계도, 경제적인 부분도 내 생애 최고의 순간의 연속이었다. 그러나 내 내면은 너무도 가난하고 허약해져 있었다.
　문득 이런 상상을 해보았다. 강호 최강의 고수가 되기 위해 각

종 무술과 비기를 연마하던 무술가가 오랜 수련 끝에 드디어 칼도 튕겨내고 창도 뚫지 못하는 강력한 몸을 소유한다. 그런 그가 어느 날 감기에 걸린다. 그러나 그의 강철 같은 몸에는 그 어떤 주사기도 꽂을 수 없고, 별것도 아닌 감기로 쓰러져버리는 웃지 못할 장면 말이다.

해답을 가지고 있는 자의 비애랄까. 누군가 나와 똑같은 문제로 고민을 상담해 온다면 답해 줄 처방이 족히 300개는 되는데, 정작 나 자신에겐 전혀 도움이 안 되는 상황 앞에 나는 당황하고 있었다. 이 노래는 평소 무시하던 감기로 죽을 것처럼 고생하던 바로 그 시간에 만든 곡이다. 이 노래는 응급링거가 되어주었고, 다시금 하나님 앞에, 그분의 사람들 앞에 설 수 있는 용기를 주었다.

예배자가 하나님 앞에 구해야 할 가장 중요한 것 두 가지를 꼽으라면, 주저 없이 '거룩함'과 '겸손함'을 택할 것이다. 베들레헴에 있는 예수탄생교회로 들어가는 문은 허리를 구부려야 한다. 겸손한 자만이 주님 앞에 설 수 있다. 하나님의 임재, 그 거룩 앞에 선 자들은 다 작아지고 솔직해졌다. 이사야는 입술의 부정함을 고백했고, 모세는 신을 벗었다. 겸손해질 때 우리는 예배 가운데 들어가서 그분의 임재 앞에 서게 된다. 그리고 그가 예배를 통과할 때, 그는 비로소 거룩해진다.

모세가 하나님을 대면하는 장면을 기억하는가. 사실 '하나님의 산 호렙'이라 해서 대단히 신비롭고 영험한 장소처럼 느껴지지만 실제로 그곳은 모세에게 그리 특별한 곳이 아니었다. 하나님의 부름을 받고 간 것도, 뭔가에 이끌린 것도, 갈급해서 찾아 나선 것도 아니었다. 그는 그냥 그곳에 갔다. 가끔 또는 자주 양을 치며 지나다니던 일상의 공간, 어딜 둘러봐도 거기가 거기 같은 황량한 광야, 눈에 보이고 발에 밟히는 게 죄다 그저 그런 종류인 떨기나무, 전혀 특별하지 않은 바로 그 일상의 공간 어딘가에서 갑자기 하나님은 임재하셨다. 애굽을 떠나 미디안 광야로 도망쳐 나온 이후, 이스라엘 사람으로서의 정체성도, 민족의 아픔도, 게다가 하나님의 존재조차 까맣게 잊은 채 그저 먹고 사는 삶에 안주해 있던 그에게 하나님은 갑작스럽게 찾아오셨다.

그렇다. 하나님의 거룩을 맛보는 것은 하나님의 특별한 선물이다. 그러나 그분은 별로 특별하지 않은 장소에서 평소와 전혀 다른 태도를 요구하신다.

"네가 선 곳은 거룩한 땅이니 네 발에서 신을 벗으라"(출 3:5).

하나님의 거룩을 마주한 사람은 이전과는 뭔가 달라져야 한다. 평범하고 일상적인 삶의 자리에서 신을 벗어 그곳을 거룩한 땅으로 만들어야 한다. 자신의 책상머리가, 컴퓨터 앞이, 주방과 교실과 사무실이, 악기를 손에 쥔 연습실이, 핸들을 잡은 운전석이, 눈감고도 지나는 익숙한 동네길이, 매주 드나드는 예배당이 우리의 거룩한 땅이다. 거기서 우리는 신을 벗고 거룩한 삶을 시작해야 한다.

바로 지금부터.

하나님의 거룩 앞에

민호기 사/곡

track 7
Amazing

대학에서 찬양사역을 가르치며 늘 강조해 온 내용이 있다. 찬양은 배우는 것이 아니라 경험하는 것이라는 사실이다. 때문에 단순히 리포트 잘 내고 내용을 달달 외워 시험만 잘 치면 좋은 성적을 받는 것이 아니라 '앎이 아닌 삶' 속에서 찬양의 능력을 경험하는 이들에게 좋은 점수를 주고 싶었다. 이를 위한 작은 시험으로 기말고사 마지막 문제를 이렇게 출제했다.

순교의 현장에서 인생의 마지막 순간을 맞게 된 그대, 단 한 곡으로 자신의 신앙을 고백해야 한다면 어떤 찬양을 부를 것인지 곡목과 가사 전체를 쓰시오.

이 문제는 사실 애초에 나 자신을 향한 것이기도 했다. 나는 생각했다. 무슨 노래를 부를 것인가. 그리고 학생들은 어떤 곡을 고를지 예상해 보았다. 대략 머릿속에 떠오른 곡들은 멋있고도 비장하고 드라마틱하고 뭔가 뭉클한 그런 노래들이었다.

"환란과 핍박 중에도 성도는 신앙 지켰네"
"최후 승리를 얻기까지 주의 십자가 사랑하리"
"하늘가는 밝은 길이 내 앞에 있으니"
"나의 생명을 드리니 주 영광 위하여 사용하옵소서"
"주님 그 나라에 이를 때까지 순례의 걸음 멈추지 않으며
어떤 시련이 와도 나 두렵지 않네 주와 함께 걷는 이 길에"

주님을 위해 평생을 헌신하고 이제 그분을 위해 목숨을 내어놓게 된 그 절체절명의 순간에 그들은 얼마나 대단한 노래들을 쏟아낼 것인가. 그러나 내 예상은 보기 좋게 빗나갔다. 놀랍게도 대다수의 학생들이 선택한 노래는 이것이었다.

나 같은 죄인 살리신 주 은혜 놀라와
잃었던 생명 찾았고 광명을 얻었네

처음에 나는 의아했다. 학생들이 상황파악을 전혀 못한 것인가. 지금 그냥 죽는 것이 아니지 않는가. 나이 많아 천수를 다해 죽는 것도, 병들어 죽는 것도, 사고로 죽는 것도, 나쁜 일하다 벌 받아 죽는 것도 아니다. 일평생 주를 섬기고, 그러다 그 믿음 때문에 생명을 잃게 되는 마지막 순간에 할 수 있는 단 하나의 고백이 다름 아닌 '나 같은 죄인을 살리신 주님의 은혜가 놀랍습니다'라니. 자신의 모든 일을 다 마치고도 '나는 무익한 종입니다'라고 고백하던 누가

복음 17장의 종보다도 더한 친구들 아닌가. 그러나 시험지들을 한 장 또 한 장 넘기며 깨달았다. 나는 학생들의 고백이 담긴 글씨 위에 눈물을 뚝뚝 흘리고 있었다. 가르치려다 도리어 배우게 된 셈이다. (실제로 '가르치다'에 해당하는 히브리어 '라미드'는 동시에 '배우다'라는 뜻도 있다. 히브리인의 사고 속에서 가르치는 것은 곧 배우는 것이다.)

나는 자신한다. 대한민국의 모든 찬양사역자, 예배 인도자 중에 단연 내가 1등이다. 아니 전 세계의 모든 목사 중에서 내가 부동의 1위라고 확신한다. 그것은 다름 아닌 죄 많이 짓는 순위에서다. 말씀 많이 보는, 기도 많이 하는, 봉사 많이 하는, 구제 많이 하는 순위도 아닌 '죄 많이 짓는, 나쁜 생각 많이 하는' 부문의 1위라니. 나는 이 분야에서만큼은 누구에게도 밀리지 않을 자신이 있다.

그런데, 놀랍게도 경쟁자가 의외로 많은 것 같다. 재미있게도 그들은 모두 자신이 1위라고 자신하는데, 그 자신감은 실로 대단했다. 자주 만나는 신실한 동료 CCM 가수도 '죄라면 자기를 따라올 자가 없다'고 자신했고, 평소 존경하는 선배 목사님도 '겉과 속이 다른 이중성에서는 자신이 독보적인 존재'라고 우기셨다. 그래서 나는 그들을 더욱 신뢰하고 사랑하게 되었다.

그들뿐 아니라 하나님의 사람들은 대부분 자신이 죄인임을 알았다. 하나님을 알면 알수록, 그분을 섬기면 섬길수록 내가 얼마나 보잘것없는 존재인지를 확인케 된다. 특별히 그분이 어둠에 속한 나를 부르셔서 존귀한 자녀로 삼아주신 것만 해도 놀라운데, 그분의 생명을 전하는 십자가의 전달자로 삼아주셨다. 이 어찌 놀랍

110

지 아니한가.

인터넷에서 본 다음 그림이 나를, 내 삶을, 내 사역을 다시 돌아보게 했다.

▲ grace.

▲ 'amazing' grace.
'건강한 자에게는 의원이 쓸데 없고 병든자에게라야 쓸데 있느니라' 마태복음 9:12
'하나님께서 깨끗하게 하신 것을 네가 속되다 하지말라' 사도행전 10:15

보라. 법 없어도 살 것 같은 착한 사람들, 새벽기도 한 번 빼먹지 않고, 주일성수와 십일조에 철저하고, 교회 일에 충성하는 모범적인 성도들. 또 보라. 마약중독자, 트랜스젠더, 폭주족, 알코올중독자, 상처 입은 이주 노동자, 사탄숭배 음악가, 지하철의 앵벌이, 몸을 파는 여인, 배고픈 아프리카의 아이, 분쟁지역의 소년병 등. 교회 안에 있다면 억지로라도 끌어내야 할 것처럼 보이는 사람들. 누구 하나 우리가 흔히 생각하는 기독교 신앙과 어울리는 이들은 없다.

당신이 속한 그룹은 어디인가. 아마도 당신의 모습은 앞 그림에 가까울 것이다. 그러나 우리 내면은 둘째 그림에서 한 치도 자유롭지 못한 그런 모습이 아니던가.

당신에게 물어본다. 주님께서 십자가에서 피 흘려 죽으신 대가로 당신이 거저 얻은 것은 Grace인가, 아니면 Amazing Grace인가. 마땅히 구원받고 쓰임 받을 만한 사람이 아니었던 우리를 주님은 '그냥 은혜'가 아닌, **'놀라운 은혜'**로 불러주셨다. 그래서 나는 그 Amazing Grace를 노래하지 않을 수 없다.

나의 경쟁자 중에 사도 바울 선생을 빼놓지 않을 수 없다. 성도들을 열심으로 핍박하던 전력에, 예수님의 직계제자가 아니라는 콤플렉스는 다른 사도들 앞에서 때때로 그를 작게 만들었을 것이다. 그래서 오히려 당당하려 애썼을 것이고, 수차례 자신의 사도 됨을 변호했으며, 한때는 담대하게도 베드로의 외식을 꾸짖기도 했다. 그런 그가 고린도교회에 보낸 편지에는 이렇게 고백한다.

> "나는 사도 중에 지극히 작은 자라 내가 하나님의 교회를 핍박하였으므로 사도라 칭함을 받기에 감당치 못할 자로라 그러나 나의 나 된 것은 하나님의 은혜로 된 것이니 내게 주신 그의 은혜가 헛되지 아니하여 내가 모든 사도보다 더 많이 수고하였으나 내가 아니요 오직 나와 함께하신 하나님의 은혜로라"(고전 15:9, 10).

자신에게 사도라는 이름이 주어진 것만 해도 황송할 따름이라는 고백이다. 세월이 좀 더 흘러 로마 감옥에 갇힌 바울은 에베소교회

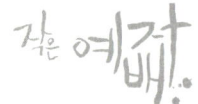

앞으로 이런 편지를 보낸다.

"모든 성도 중에 지극히 작은 자보다 더 작은 나에게 이 은혜를 주신 것은 측량할 수 없는 그리스도의 풍성함을 이방인에게 전하게 하시고"(엡 3:8).

이제 그의 기준은 더 낮은 곳으로 흘렀다. 자신의 정체성이 사도도 아닌 성도로, 그 성도들 중에서도 가장 작은 자로 자리를 낮춰 간 것이다. 순교가 가까워진 말년의 바울은 그의 영적인 아들 디모데에게 편지한다.

"미쁘다 모든 사람이 받을 만한 이 말이여 그리스도 예수께서 죄인을 구원하시려고 세상에 임하셨다 하였도다 죄인 중에 내가 괴수니라"(딤전 1:15).

그는 나만큼이나, 아니 그보다 더 강력하게 자신한다. 나야말로 죄인 중의 죄인, 악당 중의 악당이라고. 사도 바울은 점점 작아졌다. '사도 중에 지극히 작은 자'에서 '모든 성도 중에 지극히 작은 자보다 더 작은 나'에서 '죄인 중의 괴수'로.

그는 놀라운 일을 이루어낸 전무후무한 신학자요, 목회자요, 선교사요, 저술가였지만, 그럼에도 불구하고 그의 고백은 '나 같은 죄인을 살리신 주 은혜 놀라워'였다.

"그러나 내가 긍휼을 입은 까닭은 예수 그리스도께서 내게 먼저 일체 오래 참으심을 보이사 후에 주를 믿어 영생 얻는 자들에게 본이 되게 하려 하심이라"(딤전 1:16).

이 구절은 쉬운성경 번역이 더 마음에 와닿는다.

"그러나 하나님께서는 내게 은혜를 베푸시고 이 못난 죄인을 오래 참고 기다려 주셨습니다. 그리스도 예수께서는 나를 통해, 구주를 믿고 영원한 생명을 얻게 될 사람들에게 본을 보여 주시려 했던 것입니다"(딤전 1:16).

그는 우리의 좋은 본이 되어주었고, 이제 나도 또 다른 누군가에게 본이 되려 한다.

잘 아는 것처럼 "나 같은 죄인 살리신"$^{Amazing\ Grace}$의 작시자 존 뉴턴은 악랄한 노예상인이었고, 회개하고 회심한 후 이 노래를 만들었다. 그리고 그는 천국에 가면 세 가지에 놀란다고 말한다.

첫째, 전혀 천국에 올 거라 생각지 못한 이가 거기 있다는 것.
둘째, 천국에 있을 거라 철썩같이 믿은 이가 거기 없다는 것.
셋째, 내가 그곳에 있다는 것.

당신과 나, 우리 모두가 그곳에 있기를 기도한다. 그곳에서 우리 영원히 주님의 은혜로 해처럼 밝게 살면서 주 찬양하도록.

Amazing

민호기 사곡

주님의 놀라운 은혜

나 같은 죄인 살리신

영원하신 그 사랑 찬양

우리 앞에 놓여 있는

믿음의 경주 향하여

인내로써 끝까지 나는 달려가

Amazing Grace Amazing Race Amazing Ace

그게 바로 나의 삶

Amazing Grace Amazing Race Amazing Ace

함께 가는 거야 주님과

Rap) 나 같은 죄인 살리신 (Amazing Grace)

우리 앞에 놓여 있는(Amazing Race)

끝까지 포기 않고 달려갈 우린(Amazing Ace)

몇 해 전, 어느 작은 교단의 청소년 연합 수련회에 주강사로 초대를 받았다. 교단 전체 교회가 모였는데도 100명이 채 안 되는 아이들과 사흘을 함께 보냈다. 여름 수련회의 특성상 쉽고도 강력한 메시지가 필요했는데, 한 달 전부터 Amazing Grace라는 주제를 정해두고 고심을 했다. 그러던 중 말 그대로 하나님의 '놀라운 은혜'가 내게 임했다. Amazing Grace라는 단어 너머로 두 개의 단어가 더 보였다. 한 글자씩 지워보니 Amazing Grace, Amazing Race, Amazing Ace. 나는 이를 Amazing Grace 3단계라 이름 지었다.

우리는 먼저 'Amazing'이라는 단어에 주목해야 한다. 서양 사람들이 '놀랍다'는 표현을 할 때 주로 쓰는 말들은 잘 알듯이 Wow, Surprise, Wonderful, Awesome 등이다. 과장된 몸짓과 표정, 휘둥그레진 눈동자와 떡 벌어진 입, 큰소리로 내뱉는 탄성. 그러나 Amazing은 좀 다르게 발음해야 한다고 나는 믿는다. Aaaaa······mazing······ 하며 좀 더듬어줄 필요가 있다. 대충 놀라운 게 아니라 너무 놀라우면 입이 잘 떨어지지 않을 테니까.

그런 의미에서 Amazing Grace를 '놀라운 은혜'로 번역하는 것으로는 좀 부족하다. '놀랍고도 놀랍고도 놀랍고도 ······ (리미트 무한대). 놀라우신 하나님의 은혜' 정도가 적당하겠다.

1단계 Amazing Grace, 하나님의 놀라운 은혜다. 하나님의 놀라운 은혜를 입는 것은 우리 삶의 최고 목표다. 세상 모든 것을 다 얻었다 할지라도 이것을 얻지 못한 자는 모든 것을 잃은 자다. 세상

모든 것을 다 잃었다 할지라도 이것을 얻은 자는 모든 것을 얻은 것이다. 그러나 하나님의 은혜를 경험하는 순간에 우리 삶이 완벽해지지는 않는다. 오히려 새로운 출발점에 서게 된다. 하나님과 함께하는 새로운 인생이 펼쳐진다.

2단계 Amazing Race이다. 이 경주가 놀라운 이유는 두 가지다. 하나는 다른 경주와 달리 남과 경쟁하며 달리는 것이 아니라는 점이다. 생존경쟁이니 적자생존이니 제로섬 게임이니 하며 죽어라 누군가를 따돌리고 이겨야만 살아남을 수 있다는 가르침에 익숙한 사람들, 친구마저 적과 경쟁자로 돌려세운 뒤 스스로의 인생을 잔혹한 정글과 총탄 빗발치는 전쟁터로 만들어버린 이들에게 그게 아니라고 말해 주고 싶다. 실은 이 경주의 진정한 경쟁자는 언제나 자기 자신이다. 이만큼이라도 인생을 살아보니 가장 이기기 힘든 상대는 바로 나 자신이란 걸 조금이나마 깨닫게 되었다. 그 사실을 누구보다도 잘 알았던 사도 바울도 고백했다.

"내가 내 몸을 쳐 복종하게 함은"(고전 9:27).
"나는 날마다 죽노라"(고전 15:31).

우리는 자신과의 경주를 이겨내야 한다.
이 경주가 놀라운 또 다른 이유는 빨리 들어간다고 결코 상 받는 게 아니란 사실이다. 더디더라도, 모두가 함께, 끝까지 결승선을 통과했느냐가 이 경기 심판장의 기준이다. 자살이 흔한 선택이 되어 버린 세상에서 1등보다 아름다운 완주를 사모하기를. 가쁜 호흡, 지친 무릎, 주저앉아버리고픈 힘겨움 속에서도 끝끝내 다시 일어서는 놀라운 경주자, 그가 바로 나와 당신이길 바란다.

그런 인내의 경주자야말로 3단계 Amazing Ace이다. 세상 사람들에게 Ace의 기준은 돈, 외모, 권력, 지식, 인기 같은 것이다. 어느 개그맨의 우습고도 슬픈 유행어를 기억하는가. "1등만 기억하는 더러운 세상!" 바로 그 세상에 우리는 후보 내지 2군, 또는 탈락자와 패배자로 살아가고 있다. 우리나라 사람 아무나 붙잡고 우리나라 피겨 스케이팅과 수영의 1위가 누구인지를 물어보라. 초등학생 꼬마도 김연아와 박태환이라 답한다. 그러나 2위의 이름을 물어보면 대학교수도 답을 못 한다. 세상은 이런 식이다. 수많은 겨울소녀와 여름소년이 있지만 1등 외엔 기억해 주지 않는다. 잘난 사람, 가진 사람만 Ace로 인정받는 세상에서 우리를 바라보시는 예수님의 생각은 좀 다르다.

예수 그리스도의 첫 기적은 물로 포도주를 만든 것이 아니다. 그분의 첫 기적은 사람이 되신 것이다. 그것도 가장 낮고 천한 종이 되어 그의 사람들에게로 오셨다. 그래서 그분이 찾는 Ace는 좀 다른 기준의 사람들이다. 하나님 나라와 의를 위해, 사랑하는 사람들을 위해, 가난하고 소외된 이웃을 위해, 자신의 꿈을 위해 성실히 땀 흘리는 이라면 그 누구라도 Amazing Ace이다. 우리는 그 어떤 기준

118

이 아닌, 예수님이 나를 보시는 시각으로 자신을 바라보아야 한다. 특별히 이 땅의 청소년들에게 이 이야기를 들려주고 싶었다. 이 노래는 이 메시지를 오래 기억할 수 있게 하려고 만든 것이다. 수련회 주제곡으로 우리는 사흘 동안 이 노래를 외쳤다. 이제 당신이 외칠 차례다. 당신의 삶을 향해.

Amazing

민호기 사/곡

Copyright © FROMTO Music. All Rights Reserved.

track 8

나 노래하리라

노래로 하나님을 전하는 사람이 되겠다고 결심한 이십 대 초반에 만난 나의 롤모델role model을 소개하고자 한다. 바로 '그나냐'라는 특이한 이름의 낯선 사나이다.

"레위 사람의 족장 그나냐는 노래에 익숙하므로 노래를 주장하여 사람에게 가르치는 자요"(대상 15:22).

그는 이렇게 짧은 구절로 성경에 딱 두 번 등장한다. 그의 생애도, 배경도, 가족관계도, 기억될 만한 에피소드도 없다. 그러나 그는 적어도 내겐 최고의 스타다. 이다음에 천국에 가면 예수님 다음으로 가장 먼저 찾고 싶은 사람은 아브라함도, 모세도, 다윗도, 베드로도, 바울도 아니다. 나는 가장 먼저 그나냐를 찾을 것이다. 이 짧은 한 구절로나마 만난 그를 통해 나는 노래에 대해, 노래하는 일에 대해, 노래하는 사람에 대해 깊이 묵상할 수 있었기 때문이다.

당시는 다윗이 드디어 왕이 되고 사람들을 세우는 시점이다. 정치가, 군인, 행정가, 성직자 등 각 계를 이끌어나갈 사람을 세우는 와중에 그나냐는 '노래하는 일'의 대표자로 세워진다. 잘 알듯이 성경의 역사를 통틀어 최고의 음악가는 두말할 여지없이 다윗이다. 그런 음악전문가인 왕이 직접 선택한 사람이라면 다른 분야의 대표자들과는 다른 차원의 부담도 있었을 것이고, 또 그는 정말로 '최고'였을 가능성이 크다. 그리고 그는 특별히 구분되어 하나님의 일만을 전임으로 섬기는 레위 지파 출신이다. 게다가 족장이었다. 미루어 짐작컨대 그는 당대에 가장 신실하고도 뛰어난 찬양사역자였을 것이다. 그런 그나냐를 보며 노래에 대해 세 가지를 생각해 본다.

첫째, 그는 노래에 익숙한 사람이었다. 익숙하다는 단어는 두 가지를 연상케 한다. 하나는 '잘 한다', 그리고 또 하나는 '즐긴다'다. 노래를 몹시 좋아해서 늘 입에 달고 살다 보니 어느 샌가 잘 하게 되어 있는 자신을 발견하는 즐거움 같은 것 말이다. 대학에서 철학을 전공하며 가장 인상적이었던 가르침은, 동양철학의 대표자 공자의 별명이 '호학자'好學者요, 서양철학의 대표자인 소크라테스는 '애지자'愛知者였다는 점이다. 대가의 조건은 좋아하고 사랑하는 데서 출발한다. 세상 음악을 하는 친구들이 음악적 완성도를 위해 피땀을 쏟는 모습을 보며 부끄러울 때가 많다.

순수하게 음악이 좋아서, 또는 그에 따르는 부와 인기를 위해서도 저토록 노력하는데, 거룩하신 하나님을 높여드린다면서, 찬양으로 주의 복음을 증거한다면서 우리의 노력은 얼마나 턱없이 부족한가. 음악사역을 꿈꾸고 있거나, 나를 포함하여 현재 그 일을 섬기고 있는 이들께 당부드리고 싶다. 익숙해지기 위해 더 노력하자고. 더 사랑하고, 더 땀 흘리며, 할 수 있다면 최고의 음악으로 그분의 기쁨이 될 수 있도록 말이다.

둘째, 그는 노래를 주장하는 사람이었다. 노래를 관장하고 다스리는 것을 음악적인 용어로 치환할 때 떠오르는 단어는 '소화하다' 정도일 것이다. 물론 어떤 가수가 '노래를 잘 소화했다'고 하면 적절한 선곡, 완벽한 음 처리, 절절한 감정표현, 세련된 무대매너 등을 떠올린다. 그러나 하나님의 노래를 부르는 이들은 '소화'에 좀 더 높은 차원을 요구받는다. 바로 자신이 불러낸 노래를 스스로 진실한 삶으로 소화해내는 것이다.

우리는 설교를 듣거나 경건의 시간Q.T.를 하고 나면 말씀대로 적용하고 살려고 노력한다. 그러나 찬양을 듣고 부르고 나서 그 가사대로 살려고는 하지 않는다. '노래는 그저 불러버리는 노래일 뿐'이라고 생각하는 것 같다. 그래서 "내가 노래하듯이 또 내가 얘기하듯이 살길 또 그렇게 죽기 원하네"라는 한웅재 목사의 노랫말은 내 마음을 더욱 대변한다. 수많은 찬양집회와 수련회, 특히 헌신예배 때 우리가 불러버린 '부도수표'와 같은 노래들을 생각해 보라. "주님 내가 여기 있사오니 나를 보내소서. 나의 맘 나의 몸 주께 드리오니 주 받으옵소서." "부름 받아 나선 이 몸 어디든지 가오리다. 괴

124

로우나 즐거우나 주만 따라 가오리니." 2절은 더 무시무시하다. "아 골 골짝 빈들에도 복음 들고 가오리다. 소돔 같은 거리에도 사랑안고 찾아가서."

　그러나 정작 그날 밤 꿈에 주의 사자가 현몽하여 "너의 찬양을 잘 들었으니 아프리카의 어느 부족에게 가라"라고 명하신다면 당신은 어떻게 반응할 것인가. 노래는 그저 노래일 뿐이었다고, 그 노래를 나만 불렀냐고 항변하지 않겠는가. 유행가 한 자락 뽑듯, 노래방 선곡하듯, 회식 자리에서 분위기 살리듯 찬양하는 우리는 부끄러워해야 한다. 이 시간 이후 우리는 한 곡의 찬양을 부르기가 쉽지 않아야 한다. 그 가사의 고백 앞에 내 삶을 비춰보고, 이렇게 살기를 결단하고 노래하라. 내 삶과 매우 동떨어져 있거나, 도저히 이만 한 헌신을 작정할 자신이 없을 때는 최소한 이렇게 살 수 있는 믿음을 주십사 기도하는 마음으로 노래해 보라.

　셋째, 그는 노래를 가르치는 사람이었다. 물론 이 구절 자체만 볼보면 단순히 노래를 선창하고 회중이 따라 부르게 하는 역할을 했을 가능성이 크다. 그러나 나는 한 단계를 더 이야기하려 한다. 음악사역자는 정확하게 말하자면 '노래를 가르치는 사람'이 아니라 '노래를 통해 가르침을 베푸는 사람'이다. 노래가 내뿜고 있는 아름다운 음악뿐 아니라, 노래가 품고 있는 귀한 메시지를 잘 전달할 수 있는 자질이 필요하다. 모든 찬양사역자가 꼭 신학을 공부하고 목사가 될 필요는 없다고 생각한다. 그러나 하나님의 노래를 하는 사람은 가르치기 위해 배워야 하고, 또한 평생 동안 배우고 또 배우며 우리의 노래 안에 그분을 담아내어 전해야 한다.

노래하는 사람으로 살아오며 겪은 몇몇 사건은 노래에 대한 나의 생각과 삶을 송두리째 바꾸어주었다. 이십 대 초반, 어머니처럼 모시는 예나선교회의 정종순 전도사님과 몇 해 동안 수요일마다 '소년 분류 심사원'이라는 곳에 노래하러 갔다. 범죄를 저지른 십 대들을 일시적으로 감금하고 죄질에 따라 소년원으로 보내거나 훈방조치를 하는, 이른바 '감별소'라 불리는 곳이다. 십 대 절도범, 강간범, 폭행범을 많이도 만났고, 또 그들이 눈물을 흘리며 내 노래와 이야기에 귀 기울이는 것도 보았다. 그러나 안타깝게도 그렇게 회개하고 새 사람이 되기로 결심한 녀석들을 한두 번은 더 보게 된다. 세 번째부터는 교도소로 직행이라 더 이상 그들을 볼 수 없었다. 나는 허무해지기 시작했고, 변하지 않는 아이들에게도, 무력한 나 자신에게도 화가 났다. 내가 부르는 노래들은 아무 의미 없이 허공을 치는 메아리일 뿐인가 하나님께 묻기도 했다. 그러다 대학원 때문에 서울로 올라가게 되어 후임을 찾기 시작했는데, 워낙에 험한 일이라 선뜻 나서는 이가 없었다. 떠나기 불과 일주일 전, 덩치 큰 친구 하나가 기타를 메고 나타났다. 알고 보니 그는 내가 감별소를 가던 첫 해에 그곳에 수감되어 있던 친구였는데, 그때 예수님을 만나 새 사람이 되었고 신학교에 진학해 전도사가 되어 우리 앞에 선 것이다. 그를 부둥켜안고 울던 기억이 어제 일만 같다. 내가 보지 못

126

하는 곳에서도 주님은 일하고 계셨다. 그렇게 내 노래는 조용히 누군가의 삶으로 스며들어 그의 일부가 되어주며 그의 연약함을 일으키고 있었다.

나의 노래

민호기 사 민호기, 전영훈 곡

때론 아무도 들어주지 않는 듯
때론 허공을 치는 메아리인 듯 느껴질 때도
멈추지 않을 나의 노래는
내 영혼의 그윽히 깊은 곳 그곳에서 울려나
깊은 평안함 속 나 잠기게 해

나 바램 있다면
나의 노래가 누군가의 삶으로 스며들어
그의 일부 되어주는 것
그의 연약함 일으켜주는 것

거짓 없는 고백 진실한 삶 가득 배인
노래처럼 살고
사는 것처럼 노래하는 내 모습 속에서

내 주님만 드러나도록

- 소망의 바다 acoustic 〈좁은 길〉(2006)

또 언젠가는 열심히 무대를 준비한 우리보다 더 적은 수가 모인 자리에서 공연을 진행할지를 고민하고 있었다. "한 사람을 바라보고 노래하자"고 허세를 부리며 시작하긴 했지만, 끝날 때까지 무대와 객석 모두에게 마음이 어려운 시간이었다. 그러나 그날의 경험으로 두고두고 많은 것을 생각하고 깨달았다. 한 사람을 위한 노래는 예수님께 배운 노래다. 숫자, 규모, 판매량, 흥행, 순위 따위에 민감한 내가 평생 배우고 불러야 할 노래다.

"내가 너희에게 이르노니 이와 같이 죄인 한 사람이 회개하면 하늘에서는 회개할 것 없는 의인 아흔아홉으로 말미암아 기뻐하는 것보다 더하리라"(눅 15:7).

하나님께는 '한 사람'과 '모든 사람'이 다르지 않다. 목자에게 길 잃은 한 마리의 양은 그 순간의 '전부'다. 선한 목자이신 예수님은 한 사람에게 올인 all in 하신다. 한 사람을 위해 모든 걸 버리되 생명마저도 아끼지 않는다. 나는 비상식적이고 비생산적이고 불합리한 예수님의 계산법을 배워 노래하기 원한다. 한 명 앞에서나 만 명 앞에서나 동일한 마음으로 노래할 수 있다면 주님께서 나의 부족한 노래에 조금 더 좋은 점수를 주시지 않을까.

영원

민호기 사 민호기, 전영훈 곡

한 사람이 모든 사람일진대

천하보다 귀한 한 생명을 위한 기꺼운 삶

사람을 얘기하고

사랑을 노래하며

그렇게 영원에 잇대어 가리

그렇게 영원을 앞서 살으리

- 소망의 바다 3집 〈성숙〉(2004)

고쳐 적어 본다.

한 사람을 위한 노래는 한 사람을 위한 희생이다.

한 사람을 위한 노래는 한 사람을 위한 섬김이다.

한 사람을 위한 노래는 한 사람을 위한 헌신이다.

언제까지라도 내가 부를 노래의 제목은 '한 사람을 위한 노래'다.

나 노래하리라

민호기 사곡

찬양하리 나 생명 있는 한

내 호흡 그치는 그날까지

나 노래하리라

나 감사하리라

생명주신 주님께

나 노래하리라

나 찬양하리라

내 가장 귀한 것으로

나 노래하리라

나 찬양하리라

내 생명 되신 주님께

1994년 1월 2일 일요일. 막 스물한 살이 된 나는 4년을 사귄 첫사랑에게 이별을 통보받고, 그 길로 바로 찬미선교단 MT에 참여하러 당시 최용덕 간사님이 계시던 경북 김천 산골 '삼도봉 예수마을'로 올

라갔다. 결별선언 이유는 내가 목회자가 되겠다는 것에 동의할 수 없다는 것이다. 일주일 동안 진행된 팀 수련회 내내 나는 이별의 아픔과 사역자의 길에 대한 고민으로 눈물이 마를 새가 없었다.

1월 6일 목요일. 우리 팀 모두는 찬미목요예배를 섬기러 대구로 나왔다가 집회를 마치고 밤늦게 다시 삼도봉으로 돌아갔다. 차 몇 대로 나누어 돌아가던 길, 다들 수련회와 집회로 밤잠 못 자고 지쳐 있던 터라 내가 탄 차를 운전하던 형이 그만 사고를 냈다. 커브 길을 못 보고 논두렁으로 날아 전봇대에 충돌했고, 피범벅이 된 우리는 곧장 응급실에 실려 갔다. 나중에 듣게 된 이야기지만 사고지점은 교통사고 사망 다발지역으로, 전 해에만 7명이 사망한 곳이었다. 그러나 하나님의 은혜로 다행히 크게 다친 사람은 없어 대충 응급처치를 받고 있는데, 갑자기 응급실 문이 열리며 한 아주머니가 다급하게 뛰어들어 오셨다. 아가씨가 약을 먹었다고 좀 도와달라는 것이다. 우리도 응급환잔데 얼떨결에 택시에 실려 온 아가씨를 옮길 때, 토사물에서 진동하던 그 독한 농약냄새는 지금도 잊혀지지 않을 정도다.

다음날 아침, 우리는 걸어서 병원을 나섰고, 그 아가씨는 수차례의 위세척과 치료에도 끝내 영안실로 옮겨졌다. 우리 5명은 새 생명을 얻었고, 아가씨는 아까운 생명을 잃었다. 집으로 돌아온 나는 기타를 잡고 찬양하기 시작했다. 가사를 미리 써 둔 것도 아니고, 이전에 노래를 만들어 본 경험이 있는 것도 아니었다. 그냥 잡히는 코드대로, 입에서 흘러나오는 대로 흥얼거리다 보니 이 노래가 태어났다. 유치한 가사와 식상한 코드진행, 통속적인 멜로디와 단순한 리듬의 촌스러운 이 노래가 실은 내가 가장 사랑하는 나의 노래라는 사실을 아는 사람은 많지 않다.

그날의 사고는 내 삶에서 중요한 전환점이 되었다. 철학자 비트겐슈타인의 삶이 사상적 전환점을 계기로 전기와 후기로 나뉘는 것처럼, 나 역시 1994년 1월 6일을 기준으로 '자연인 민호기'와 '사역자 민호기'로 나뉘진다. 첫사랑과의 아픈 이별을 가슴에 묻고, 사역자의 길에 대한 망설임과 두려움도 떨쳐내고, 평생을 노래하며 하나님을 섬기는 사람으로 삶을 드리게 되었다.

p.s. 재미있는 그 후 17년.

1. 사고 차량에 타고 있던 5명은 지금 모두 목사가 되었다. 그것도 모두 찬양하는 목사가. 사고 운전자 구태극 목사, 조수석의 이윤재 목사, 뒷자리의 윤성호 목사, 전영훈 목사 그리고 나 민호기 목사. 하나님의 계획은 놀랍다.

구태극 목사

이윤재 목사

2. 목회자가 되겠다는 나를 떠난 첫사랑은 지금 어느 교회의 목사 사모님이 되었다. 하나님의 계획은 놀랍고도 놀랍다.

간주곡 Interlude 3

노래, 노래하는 사람, 노래하는 마음

많은 이들이 혼동하는 개념 중 하나가 '찬양=노래'라는 등식인데, 정확하게 말하자면 '찬양'은 '노래'를 포함하지만, 찬양과 노래를 동일시해서는 곤란하다. 하나님을 찬양하는 것, 즉 그분을 높여드리고 영화롭게 하는 것은 다양한 방법과 형태로 표현되거나 드러낼 수 있다. 소리로, 동작으로, 자신의 재능과 가진 기술로, 때로는 거룩한 말씨와 향기 나는 행실로, 즉 우리의 모든 삶 그 자체가 하나님을 향한 찬양이 될 수 있고 또 그래야만 한다. 그 중 음악으로, 노래로 하나님을 찬양하는 것이 가장 아름다운 방법이라 나는 믿는다. 그리고 또한 외모나 말이나 행실이 별로 아름답지 못한 내가 가장 아름다운 표현 방법인 '노래'로 하나님을 찬양하는 사람이 된 것은 가장 놀라운 은혜, 최고의 Amazing Grace다.

노래하는 일로 하나님의 기쁨이 되기로 결심하고 나서 노래의 의미를 다시 생각해 보았다. 노래란 무엇인가? 국어사전은 이렇게 정의한다.

노래란, 어떤 사람의 사상이나 감정을 음악적인 언어로 표현한 것.

개념화란 이래서 중요하다. 철학을 배울 때에도 가장 중요한 전제는 언제나 개념화였다. 노래의 개념이 분명해지니 내가 해야 할 일과 가야할 길이 더불어 분명해졌다.

노래는 사람의 사상이나 감정, 즉 생각과 느낌을 담아내야 한다. '새가 노래한다', '시냇물이 노래한다'는 시적 표현과는 별개로 실제로 노래는 철저히 영적 존재인 사람의 고유한 영역이다. 중세의 음악가이자 수도사 귀도 다랫쪼는 "자신이 무엇을 노래하는지도 모르고 부르는 것은 동물의 울부짖음에 다름 아니다"고 했다. 한 곡의 노래 안에 자신의 일부, 혹은 전부가 담겨 있지 않다면 엄밀히 말해 그것은 노래가 아니다.

교회에서 종종 보게 되는 경우인데, 찬양시간에 집중하지 않고 입만 벙긋하는 이들을 향해 인도자는 이렇게 질책한다. "여러분, 찬양을 부르십시오. 지금 여러분이 아무 생각 없이 부르는 것은 찬양이 아니라 노래입니다. 마음을 다해 진정한 찬양을 부르십시오." 이 말은 일면 일리가 있는 신앙적인 권면 같지만 사실은 틀렸다. 아무 생각 없이 흥얼거리는 것은 당연히 찬양도 아니지만, 노래는 더더욱 아니다. 자신의 사상과 감정을 담아내지 못했다면 그것은 차마 노래라고 부를 수 없다. 나는 노래에 인생을 건 사람으로서 이런 식으로 노래가 평가절하되는 것을 용납하기 어렵다. 우리는 노래 한 곡 부르기가 쉽지 않아야 한다.

나는 개인적으로 김장훈이란 가수의 발성을 좋아하지 않는다. 좋아하는 보컬리스트로 케니 로긴스 Kenny Loggins, 에릭 베닛 Eric Bennet, 조규찬, 이승환 등을 꼽는데, 음악을 좀 아시는 분들이라면 눈치채셨겠지만, 섬세하게 노래하는 스타일을 선호한다. 그에 반해 김장훈처럼 내지르는 거친 발성에는 그리 매력을 느끼지 못했는데, 어느 날 라디오에서 그가 부르는 "나와 같다면"이라는 노래를 듣는 순간 가슴이 먹먹해져 왔다. 사랑하는 사람과 헤어진 후, 찢어지고 부서진 가슴을 부여안고 술이라도 한 잔

걸친 듯한 망가진 한 사내의 부르짖음이 거기 있었다. 언젠가 가슴 터지는 아픈 사랑과 이별을 경험하고는, 그때의 기억과 감정을 이리도 소름 끼치도록 노래를 통해 재연해내고 있구나 생각하니 이른바 '진정성'이라는 게 보이고 들려왔다.

노래는 음악적인 언어로 표현하는 것이다. 좀 더 정확하게 표현하자면 노래는 음악보다 언어에 가깝다. 노래가 파생되어온 과정을 생각해 보자. 언어는 '의사소통의 수단'으로서 존재한다. 의사소통의 원활과 감정의 효과적인 전달을 위해 말의 높낮이, 음정에 변화를 주기도 하고, 말 앞뒤의 길이와 리듬, 박자를 바꿔보기도 했을 것이다. 노래는 이런 과정을 통해 발생했고 발전해 왔으리라 추정된다.

언어의 형식으로 전하는 내용을 '가사'에 담아 표현하며, 가사에 담긴 내용을 신앙용어로 환원한 것이다. '우리가 전해야 할 메시지^{Message}'라 할 수 있겠다. 찬양에서 음악 이상으로 가사를 중요시해야 하는 이유가 여기에 있다. 우리는 음악이라는 질그릇에 보배 되신 예수 그리스도, 그분을 담는다. 그분에 대해, 그분을 위해 노래하는 것이 우리가 노래하는 이유다.

그래서 CCM이란, Contemporary Christian Music이기 이전에 Contemporary Christian Message라고 그토록 자주 부르짖은 것이다. 하나님을 노래하는 사역자들은 언제나 가수이기 이전에 메신저로서의 자신의 정체성을 분명히 해야 한다. 하나님께 받은 선지자적 메시지를 음악이라는 다양한 표현 도구로 증거해야 하는 것이다.

Interlude 간주곡

음악보다 메시지가 우선되어야 하지만 그럼에도 우리는 노래가 '표현' 되는 것임을, 그것도 '음악'이라는 가장 아름다운 예술로 표현되는 것임을 잊어서는 안 된다. 똑같은 내용의 인사를 하더라도 늘 보는 같은 반 친구에게 하는 것과 짝사랑하는 여학생에게 하는 것은 하늘과 땅 차이다. 목소리 톤이나 표정, 행동은 물론, 그 한마디를 건네기 위한 사전 준비조차도 전혀 다른 차원의 것임을 부인하지 못할 것이다. 우리는 상대에게 건넬 '안녕' 한 마디를 두고 거울 앞에서 흘려보낸 수많은 목소리와 표정을 기억한다. 똑같이 '잘 한다'라고 글로 쓰지만, 이 또한 용례에 따라 천차만별이다. 진심으로 감탄하며 "와~ 정말 잘 한다, 너"와 만면에 비웃음과 멸시를 가득 머금은 채 내뱉는 "자~알 한다"는 다르다.

뉘앙스의 놀라운 힘을 우리는 노래에서 종종 발견한다. 하나님을 향해, 지체들과 이웃을 향해 우리의 노래는 훨씬 더 '잘' 표현될 수 있다. 그들을, 그리고 노래를 조금 더 사랑한다면 말이다.

노래는 …

민호기 사곡

노래는 꿈
노래는 땀
노래는 힘
노래는 쉼
노래는 길

노래는 숨
노래는 삶
노래는 나
노래는 그대
그대는 나의 노래

- 민호기 〈일상에서 영원으로〉(2011)

Track 9

대.답

이 장의 제목은 (동명의 노래 역시) "대답"이지만, 실제 제목은 "물음"이다. 세상에는 두 가지 종류의 물음이 존재하는 것 같다. 정답과 함께 짝을 이루는 물음이 있다면, 물음 그 자체로만 존재하는 물음도 있다. 어린 시절부터 내 안에는 정답이 존재하지 않는 수많은 물음표들이 뜨고 또 가라앉았다.

'하나님은 왜 선악과를 만드셨나요'나 '노아의 방주에 공룡도 탔나요' 같은 유아적 물음표에서 시작하여, 가나안 정복전쟁에서 군인뿐 아니라 민간인, 게다가 어린아이까지 학살하라는 도무지 이해할 수 없는 그분의 잔혹한 명령 같은 성경의 난제들 앞에 끊임없이 물음표를 던졌다. 고난의 시험을 통과한 욥이 재산을 회복하고 더 아리따운 자녀들을 얻는 축복을 받았다지만 그렇다 해서 죽은 자식들에 대한 애틋함과 그리움이 사라질 수 없다면 과연 그것이 축복인가를 물었다. 자신의 지성과 의지로 신앙을 결정할 수 없는 갓난아기가 죽으면 천국에 가는지 지옥에 가는지 나는 정말로 궁금

142

했다. 사춘기 시절, 전도사님이 새로 부임하실 때마다 이상한 질문을 먼저 꺼내 그들을 곤란케 했던 기억도 있다. 천국 가서 예수님을 만나면, 가장 먼저 묻고 싶은 것 목록부터 꺼내들 녀석이라는 이야기도 들었다.

"최후의 심판은 용서도, 개도開導의 기회 제공도 아닌 자신의 원수에 대한 신의 복수"라는 쇼펜하우어의 말에 충격에 휩싸인 철학과 1학년 때, 나는 "정말로 이 많은 사람을 다 지옥불에 던져 넣으실 작정이십니까?" 하나님께 대들듯 따져 물었다. 세상을 보는 눈이 조금 더 자라나면서는 이 땅에 존재하는 불의와 부조리, 사회 불평등, 도무지 해결될 기미도 보이지 않는 전쟁과 기아의 문제 앞에 하나님은 어디 계신가, 하나님은 무엇 하시나 묻기도 했다.

지금도 그 물음표들은 내 안에 여전하다. 때로는 이런 '물음표형 인간'인 나 자신이 믿음이 부족한 것인가를 고민하기도 한다. 교회 안엔 무조건 믿기만 하면 되고, 쓸데없는 고민과 의심을 품는 건 죄악이라 얘기하는 사람들이 많았으니 말이다.

내 생각에 사람이 하나님을 만나는 경우는 크게 둘 중 하나인 것 같다. '내가 간절히 주님을 찾아가는 경우'와 '주님께서 갑자기 나를 찾아오시는 경우' 말이다. 나는 두 사람을 떠올려 보았다. 그들 역시 나와 닮은 물음표형 인간들이다.

먼저 주를 찾아간 '그 남자'의 이야기다. 니고데모는 바리새인이요, 관원이었으며 기득권층이자 엘리트 종교지도자였다. 당대의 존경을 받거나 혹은 외식의 아이콘이던 그는 밤에 예수를 찾아간다. 나는 이를 '남의 눈을 피하려' 정도로 치부하기보다 오히려 고요히, 방해받지 않는 깊은 대화를 위함이었다고 본다. 만약 '밤'이 상징적인 함의를 가진다면 니고데모가 처해 있던 영적 무지 상태, 하스킨스^{Hoskyns}의 표현을 빌어 "이것도 저것도 아닌 위태한 처지" 정도로 여기려 한다. 아는 것도 모르는 것도 아닌, 믿는 것도 안 믿는 것도 아닌, 구원받은 것도 안 받은 것도 아닌, 거듭난 것도 거듭나지 않은 것도 아닌 상태 말이다.

거듭남에 대한 예수님과 니고데모의 대화는 사실 일종의 철학적 논의다. 소크라테스 식으로 말하자면 '대화법'에 다름 아니다. 상대편에게 질문을 던져 스스로 무지를 깨닫게 함으로써 올바른 개념에 도달하게 하는 이 고도의 철학적, 신학적 토론이 바로 그 밤에 이뤄진 것이다. 그는 진리에 갈급해했고, 고민이 많았다. 그는 예수님께 물음표를 쏟아낸다. 그러나 재미있는 것은 기존의 고민들이 예수님의 말씀과 대답을 들으며 시원하게 해결되는 것이 아니라 또 다른 차원의 물음이 생겨난다는 점이다. 나는 깨달았다. 묵상하고 고민하고 질문하는 자에게 주어지는 하나님의 축복은 '해답'이 아니라 '또 다른 물음표'라는 사실을.

예수께 묻고 들으며 그는 점점 진리에 가까워진다. 뭐 하나 듣고 알았다고 모든 진리를 깨친 것처럼, 본인만 흔들리지 않는 분명한 믿음을 가진 것처럼 말하고 행동하는 사람들이 있다. 그들은 어리석고 교만하다. 우리는 끊임없이 주님께 묻고 들어야 한다. 그러면

144

서 그분은 점점 더 놀라운 진리의 신비를 우리에게 보여주신다. 예수님과 니고데모의 물음과 대답이 몇 번 오가는 도중, 놀랍게도 성경에서 가장 유명한 말씀이 나온다. 바로 요한복음 3장 16절이다.

"하나님이 세상을 이처럼 사랑하사 독생자를 주셨으니 이는 저를 믿는 자마다 멸망치 않고 영생을 얻게 하려 하심이니라."

성경이 다 없어지고 이 한 구절만 남아도 교회는 영원할 것이라는 바로 그 말씀. 어린아이부터 어른에 이르기까지 모든 성도가 입만 열면 줄줄 암송하는 바로 그 구절. 말하자면 '복음의 정수'가 바로 이 대화에서 나왔다. 간절히 구하고 고민하고 묻는 자를 통해 그분의 놀라운 말씀이 임한다. 그리고 그날 이후 니고데모는 다른 사람이 되었다.

"일찍 예수께 밤에 나아왔던 니고데모도 몰약과 침향 섞은 것을 백 근쯤 가지고 온지라"(요 19:39).

예수님의 십자가 앞에서 그는 밤에 찾아간 이전의 두려움을 잊었다. 그는 진정 거듭난 것이다.

다음은 주님이 찾아가신 '그 여자'의 이야기다. 그는 이른바 남편이 여섯인 사마리아 여인이다. 예수께서 굳이 유대인과 반목하는 사마리아 길을 선택하신 것에는 분명한 이유가 있다. 수가성 우물가에서 예수님은 여인을 기다리신다. 드디어 여인이 나타나고 주님은 적극적으로 그에게 물으신다. 예의 '대화법'이 또 시작된 것이다. 느닷없이 '남편을 데려오라' 폐부를 찌르시자 당황한 여인은 급작스럽게 화제를 전환한다.

> "우리 조상들은 이 산에서 예배하였는데 당신들의 말은 예배할 곳이 예루살렘에 있다 하더이다"(요 4:20).

그러나 그것이야말로 주님이 참으로 가르치고 다루고 싶으셨던 주제, 바로 '예배'다. 그리고 바로 그 다음에 요한복음 3장 16절만큼이나 유명한 말씀이 나온다.

> "하나님은 영이시니 예배하는 자가 신령과 진정으로 예배할찌니라"(요 4:24).

여인은 '어디서' 예배하느냐를 궁금해했고, 예수 그리스도는 '누구에게', '어떻게' 예배하라고 답하셨다. 주님은 답이 없어 보이는 그의 삶의 답은 어떤 기적도, 일시적 조치도 아닌 '예배'뿐임을 아셨다. 신령과 진정으로 드리는 예배의 중심을 가르치시고, 이것을 통해 그의 삶을 송두리째 변화시키신다.

물론 나는 안다. 두 경우 모두 근본적으로는 주님께서 그들을 만나주셨다는 것을. 그러나 우리가 주를 찾아 갔든, 주께서 찾아오셨

든 주님을 만나면 묻고 들어야 한다. 그분을 진정으로 만나는 것은 그분께 묻는 것에서 시작된다. 그럼에도 여전히 우리 삶은 이해되지 않고 동의할 수 없는 것 투성이다. 그렇다고 방관만 할 수도 없고 또 사실 내 힘으로 변화시킬 수 있는 것도 별로 없어 보인다. 그래서 나는 또 주님 앞에 물음표를 꺼내든다. 곳곳에 도사리는 부정과 부패, 도대체가 변하지 않는 사회구조적 모순, 불의와 불공평, 내가 사는 이 기울어진 세상 속에서 나는 어디에 서 있어야 하며, 무엇을 해야 하나. 기도만 하면 만사가 다 해결된다는 사람도 있고, 기도만 하지 말고 무언가 행동하라고 하는 사람도 있다. 불의가 번성할 수 있는 제1의 조건은 선한 사람들이 불의에 대항하여 아무 행동도 취하지 않는 것이라는 에이브러햄 링컨의 말마따나, 나 역시 용기 없이 혹은 뭘 해야 할지 몰라 망설이고만 있다.

신학대학원 시절 잊을 수 없는 은사의 강의가 있다. 참 선지자의 특징은 두 가지라 한다. 하나는 백성들의 기대를 거스르는 것이며, 또 하나는 홀로 선다는 것이다. 선지자가 외치는 예언이란 미래를 말하는 것이 아니라 '진실을 밝히는 것'이다. 백성에게 달콤한 환상을 심어주는 것이 아니라 하나님의 정의를 선포하는 것이다. 도덕적 다수 moral majority가 되기보다 선지자적 소수 prophetic minority가 되어 외롭지만 진리의 편에 서 있어야 한다.

거대해진 교회, 다양한 예배, 체계적인 훈련 프로그램, 소그룹 전략, 전도폭발 프로그램, 각종 문화행사와 유명인 초청이벤트 등, 유수의 목회자와 찬양사역자와 예배 인도자에게서 수많은 설교와 찬양곡이 쏟아져 나오고, 신앙서적과 기독교 용품, 예배관련 용품이 범람하며, 인터넷에는 골라볼 수 있는 찬양 예배실황이 넘쳐난다.

정작 홍수때 물이 귀하다 했던가. "외치는 자 많건마는 생명수는 말랐어라"라는 찬양의 한 구절을 목 놓아 부르게 된다. 언젠가 어떤 목사님께 들은 "타성에 젖은 경배와 찬양은 아편"이라는 말씀이 잊혀지질 않는다.

나는 기도한다. 내 말과 글과 노래가 치료제가 아닌 마취제나 흥분제로 그릇 처방되지 않기를 말이다. 권정생 선생은 "좋은 글이란 누군가의 마음을 불편하게 하는 글"이라 하셨는데, 나의 말과 글이 그 누구의 마음도 불편하게 할 수 없어 결국 아무것도 변화시킬 수 없는 공허한 메아리로 흩어지지 않기를 바란다.

게르하르트 로핑크는 우리가 산상수훈에 대해 두 가지를 오해하고 있다고 말했다. 하나는 산상수훈을 일반 사회에 요구하는 것이고 또 하나는 산상수훈을 내면화하는 것이다. 산상수훈은 모든 사람이 아닌 제자만이 따를 수 있으며, 내면이 아니라 실제 삶에서 지켜져야 하는 윤리다. 나는 제자로서 산상수훈의 말씀을 따라 '자발적 가난'과 '즐거운 불편'을 살아내고 있는가. 나는 공평과 정의를 잃어버린 이 기울어진 세상에서 진정 약자의 편에 서 있는 사람인가.

복음주의 사회운동가 짐 월리스가 몇 해 전 내한했을 때, 한국의 다음 대통령은 어떤 사람이 되어야 하는가에 대한 질문에 '가난한 자에 대한 좋은 정책을 가지고 있는 사람'이라고 답했다. 얼마 전 한 젊은 비그리스도인 기자가 쓴 책을 읽다가 충격에 휩싸였다. 그는

어이없어하며 다음의 말들을 소개하고 있었다.

"예수 믿는 사람은 가난하게 살아야 한다(는 말), 예수 믿는 사람은 판자촌에 살아야 한다(는 말). 사탄이 하는 거짓말인 것입니다. 아브라함도 거부였고 이삭도 거부였고 야곱도 거부였습니다."

"예수님은 가난하지 않았다. 예수님과 요셉은 가구를 잘 만들었다. 그래서 많이 팔렸을 것이다. 더군다나 치유 사역을 했기에 헌금을 많이 받았을 것이다. 가난은 저주이다. 부의 옷을 입어야 한다."

예수님과 한 동네에 살며 예수님이 제작한 가구를 직접 유통 및 판매라도 했을 법한, 놀랍도록 명쾌하게 이 말들을 쏟아낸 이들의 정체가 궁금하지 않은가. 그들은 다름 아닌 '목사'들이다. 더욱 놀라운 것은 이 분들이 꽤나 큰 교회의 꽤나 유명하다는 분들이란다. 그 기자를 어이없게 만든 이 말들의 향연에 나는 더욱 오싹해진다. 그건 아마도 이 말들이 하나님의 말씀을 대언한다는 '설교'라는 명목으로, 가장 두렵고 떨리는 자리인 '강단'에서, 가장 거룩한 시간인 '예배' 때 쏟아져 나왔을 것이기 때문이다.

같은 목사로서 나는 진심으로 궁금해졌다. 이 분들이 따르는 예수는 도대체 누구이며 이들이 보는 성경은 도대체 뭐란 말인가. 아마도 가진 이들을 위해 특별 제작된 「축복강조 개역 개정본」임이 분명할 터인데, 다만 제작처가 아리송하다. 내가 아는 천국에서는 저런 불량 짝퉁을 제작해낼 리가 없으니 말이다.

바리새인과 서기관을 보라. 예수님을 가장 노엽게 한 집단이 사실은 예수님과 가장 닮은 집단이었다는 필립 얀시의 지적은 옳다. 정치적 편향성이나 수구적 성향은 개인의 선택이지만, 부와 평안, 안락과 출세를 강조하기 위해 성경 여기저기 축복구절을 발췌하고 설파하는 것은 참 선지자의 모습에서 멀어만 보인다.

오래전부터 마음에 담아두고 있는 말이 있다. "이 세상에 가난한 사람이 단 한 사람이라도 있는 한, 운동가는 가난하게 살아야 한다." 인권운동가 서준식 선생의 말이다. 이 말을 처음 들었을 때 나는 부끄럽고도 불편해서 견딜 수가 없었다. 나는 한 단어를 치환해 되뇌어 보았다. "이 세상에 가난한 사람이 단 한 사람이라도 있는 한, 사역자는 가난하게 살아야 한다."

만약 한국교회에 이런 공식 조항이 있다고 생각해 보자.

아무리 유명하고, 몇 만 명이 모이는 큰 교회를 담임하고, 그 교회에 대통령이 다니든 재벌이 다니든 상관없이, 성도 중에 가난한 사람이 한 사람이라도 있다면 목회자는 그 사람보다 가난해야 한다.
아무리 인기가 있고, 앨범이 몇 백만 장씩 팔리고, 초청하려는 교회가 줄을 서고, 콘서트만 하면 매진사례라 해도, 자신의 팬 중에 가난한 사람이 한 사람이라도 있다면 음악사역자는 그 사람보다 가난해야 한다.

아마도 한국교회에는 목사나 찬양사역 하려는 사람이 없어 외국

교회에서 선교사를 파송해 줘야 할지도 모르겠다. 나는 도무지 이렇게 살 자신이 없다.

노동운동가 하종강 선생의 말이다. "인생을 평가하는 잣대는 간단하다. 그의 인생이 모순된 우리 사회구조를 좀 더 평등한 쪽으로 개선하는 데 기여했느냐, 아니면 더 공고히 하는 데 기여했느냐." 이런 이야기가 목회자나 사역자가 아닌 시민운동가들에게서 나왔다는 사실이 못내 불편하고 또 불편하다. 스스로에게 또 묻게 된다. 나는 진짜 사역자인가. 아니 사역자라는 거창한 이름은 고사하고 예수를 따르는 진짜 제자인가. 최소한 나는 온전한 그리스도인이 맞는가. 감히 쉬이 대답을 꺼낼 수 없는 물음만을 되뇌고 있다.

대.답.

민호기 사곡

아무리 생각하고 또 기도해도
도무지 답을 찾을 수 없네
내 안에 끝없이 떠오르고
또 가라앉는 물음표들

곳곳에 도사리는 부정과 부패
도대체가 변하지 않는 사회 구조적 모순
약자에 강하고 강자에 약하고
이름뿐인 기회의 균등

이 기울어진 세상에서 난 노래하네
이렇게 노래할 수밖에 없네

예수만이 희망 예수만이 빛
나는 노래하고 또 노래할 뿐
아무도 귀 기울이지 않아도 나는 외쳐 부르네
예수만이 길이요 진리 참 생명

많은 고민 속에 노래를 만들기 시작했으나, 결국 '갑작스런 화제전환'처럼 무책임해 보이는 결론을 내린 것 같아 속이 편하지 않다. '사람만이 희망이다'는 시인의 말에 '예수만이 희망이다'는 목사의 언어로 대답한다. 뻔한 답이지만 유일한 답이다. 물론 나는 노래만 하지는 않을 것이다. 예수만이 희망임을 말로, 글로, 노래로, 행동으로, 온몸으로 증명하려 한다.

track 10

P.m. 23

시편 23편은 모든 그리스도인이 가장 사랑하고 즐겨 암송하는 시편이다. 수많은 노래로 만들어져, 결혼식에도, 장례식에도 이 말씀이 울려 퍼진다. 찬양하는 사람의 대표자인 다윗, 그가 노래한 수많은 시편 중에서도 이 곡은 그의 대표작이라 할 만하다.

　도올 김용옥은 그의 책 「여자란 무엇인가」 통나무 에서 양을 많이 키우지도 않는 나라의 백성들이 하나님을 목자로 고백하는 모습에 불만을 표하기도 했지만, 난 조금 다른 이유로 시편 23편이 싫었다. 어린 시절, 아버지를 따라 목욕탕에 갈 때면 빠지지 않는 의식이 있었다. 아버지가 좋아하시던 한증막에 따라 들어가서 견디지 못하고 금방 뛰쳐나가 버리는 나에게 아버지가 내어주신 과제는 '사도신경, 시편 23편, 주기도문'을 차례로 암송하고 나가라는 것이었다. 사도신경이나 주기도문은 만날 교회에서 줄줄 외는 거니까 아무 문제가 없는데, 시편 23편은 가끔 하는 거라서 더듬대며 고생을 했다. 그래서 아버지가 목욕탕에 가자고 하시면 여느 아이들

처럼 목욕용품을 챙기기보다 성경책을 먼저 뒤적이던 기억이 난다. 그러던 내가 목자 되신 주님을 만났고, 양을 치기는커녕 별로 본 적도 없으면서 그분의 어린 양임을 기꺼이 고백하게 되었다. 생각해 보니 내가 처음으로 배운 복음성가도 아버지가 늘 자장가로 불러주시던 시편 23편이었다. "하나님은 나의 목자시니 내가 부족함이 없으리로다. 나로 하여금 푸른 풀밭에 눕게 하시며 잔잔한 물가로 인도하여 주시네."

또 아버지의 18번 역시 목자의 심정을 담은 노래였다. "목마른 사슴이 시냇물 찾듯 나의 주님 이 죄인을 찾으셨도다. 양을 위해 생명 바친 목자의 수고. 그 사랑을 잠시라도 잊지 말지라."

구성진 곡조의 이 노래들을 흥얼거리면, 그리고 지금도 눈을 감고 시편 23편을 읊노라면, 지금의 내 나이셨을 젊은 시절의 아버지 목소리가 들려온다.

시편 23편을 강해하는 대신 이 장에서 나는 쑥스럽게도 가족 이야기를 꺼내보려 한다. 시편 23편은 말하자면 우리 가정의 가훈이요, 이 말씀을 붙들고 평생을 살아오신 나의 부모님과 또한 내 아이들에게도 읽히고 암송하고 노래하게 할 가족사와 같다.

아버지는 아버지 없이 홀어머니 밑에서 자라셨다. 그래서 아들인 나에게 아버지가 해 주실 수 있는 모든 것을 다해 주셨다. 가난했지만 내가 고생을 모르는 이유는 거기에 있는 것 같다. 나는 문제가 생겼을 때 아버지에게 숨기는 친구들을 이해하지 못했다. 아버지께만 털어놓으면 모든 게 해결되었기 때문이다. 엄했던 어머니 대신에 늘 달려간 곳은 아버지의 그늘이었다(사실 '아버지'라 쓰고는 있지만, 마흔이 다 된 나는 지금도 가족끼리 있을 땐 '아빠'라고 부른다). '아버지는 목자, 목자는 하나님, 하나님은 아버지, 아버지는 하나님'의 등식이 내 안에 깔끔하게 정리가 된 것이다.

그래서 나는 그 누구보다도 아버지 되신 하나님의 사랑을 잘 이해하며 자랄 수 있었다. 물론 내가 내 아이의 아버지가 되고 나서 새롭게 깨달은 점이 있다. 아버지의 사랑에 대해 100분의 1도 몰랐다는 것이다. 받을 때는 모르다가 줄 때 비로소 깨닫게 되는 것이 아버지의 사랑이기 때문이다.

다음은 아버지를 위해 만든 노래다. 정확하게 말하자면 아버지를 통해 바라보게 된 하나님을 노래한 것이다.

하늘

민호기 사 민호기, 전영훈 곡

하늘 아래 서면 나는 날 잃어버리게 되네
저 하늘 닮은 날 꿈꾸게 하지 하늘은 …
눈물 흐를 때면 하늘 바라보네
그저 보기만 해도 하늘은 다 아는 듯 고요한 미소를 보내주고

때론 부끄런 모습에도 품이 넓은 하늘은 말없이 안아만 주었지
늘 그 아래 머물고 싶지만 하늘은 나의 등 미시며

이제 너의 땅으로 가라 하시네

그러나 땅만 보고 살진 말라 하시네
힘들 땐 나를 보라고 내게 말해 주네 나의 하늘은

- 소망의 바다 1집 〈소망의 바다〉(1999)

반면 엄마와는 갈등의 연속이었다. 엄마와 나는 똑같다. 성격도, 식성도, 외모도 어쩜 그리 똑같은지. 사람은 똑같으면 싸우게 된다. 나와 엄마가 그랬다. 질풍노도의 시기라는 바로 그 서툰 시간을 지나오며 엄마와 나는 말 그대로 하루도 거르지 않고 질풍노도를 견뎌내야 했다. 모진 말 내뱉으며 나는 소리쳤다. 죽었다 깨어도 엄마를 이해할 수 없다고, 자기 배 앓아 낳은 자식을 그렇게도 이해 못해 주냐고. 대문을 박차고 나서는 내 등에 꽂히던 엄마의 말, 나도 네가 도대체 이해가 안 된다고. 이해하지 못하기에 사랑할 수 없다 믿으며 그렇게 오랜 시간 우리 모자는 서로의 마음을 할퀴며 긴 시간을 소모해 왔다.

그러던 내가 결혼을 하고 영화 한 편을 보게 되었는데, 로버트 레드포드 감독, 브래드 피트 주연의 〈흐르는 강물처럼〉 A river runs through it 이다. 이 영화는 아주 보수적인 목사 가정에서 자란 두 아들의 이야기다. 요약하자면 모범적인 큰 아들은 아버지의 뜻대로 잘 자라서 작가도 되고, 대학교수도 된다. 반항적인 둘째 아들은 사사건건 아버지와 갈등을 빚었다. 예술적인 플라잉 낚시 솜씨와는 달리 술집과 놀음판을 전전하다 그만 젊은 나이에 어이없이 피살되고 만다. 골칫거리였던 둘째 아들의 죽음 앞에 기력을 다 잃은 아버지도 얼마 후 세상을 떠나게 되는데, 아버지 목사님의 마지막 설교가 내 마음으로 들어왔다.

> 정작 우리는 사랑하는 사람을 제대로 돕지 못합니다. 어떻게 해야 할지도 잘 모르고, 우리가 해주려는 것이 도리어 불필요한 경우가 더 많습니다. 우리는 그들과 함께 살아가야 하기에 그들을 더 잘 이해해야 했습니다. 그러나 우리는 여전히 서로를 사랑합니다. 우리는 완전한 사랑을 할 수 있습니다. 완벽하게 이해하지 못하더라도. We can completely love them without completely understanding.

나는 깨달았다. 비록 엄마를 완벽하게 이해하진 못했지만 엄마를 완전하게 사랑하고 있었다는 것을. 엄마 또한 그러셨다는 것을. 그리고 이 노래를 만들어 생신을 맞은 엄마께 불러 드렸다. (마침 그날이 나의 콘서트 날이었다.) 그날 노래를 부르다 어떤 구절에서 울컥하며 깨달은 사실은 태어나서 엄마에게 "사랑해요"란 말을 그날 처음 했다는 것, 그것도 고작 알량한 노래 가사를 빌어서였다는 것이다. 그래도 이후, 우리 모자는 서로를 더 이해하고 사랑하게 되었다.

'이해'와 '사랑'을 오해하고 있는, 그래서 더 사랑하지 못하고 있는 모든 엄마와 아들에게, 지금도 모난 말로 서로의 마음을 할퀴고 있을, 서로 닮은 엄마와 딸에게, 서로 기대고 싶으면서도 강한 척하

160

느라 내심 지쳐 있을 아빠와 아들에게, 제대로 사랑을 표현하지 못한 채 오해를 쌓고 있는 아빠와 딸에게, 이 노래를 드린다. 이 노래는 우리 모두의 이야기다.

흐르는 강물처럼

민호기 사곡

엄마, 나 땜에 힘드셨죠
이건 자식이 아니라 웬수예요
어릴 땐 공부도 잘했었는데 왜 이렇게 된지 몰라

엄마, 모난 내 성격 땜에
참 많이도 다투곤 했었지만
그때 내가 했던 모진 말들은 다 진심이 아니었어요

때론 날 이해 못 하는 엄마 맘에 사실 서운했었지만
완벽한 이해 없이도 완전하게 사랑할 수 있는 우리잖아요

나중에 너 닮은 애 낳아 키워보렴
맘에 없는 소릴 하셨지만
완벽한 이해 없이도 완전하게 사랑하고 있는 우리잖아요

엄마 생일을 축하해요

돈 잘 못 벌어 선물도 못 샀지만

그동안 감췄던 마음속의 말

엄마를 사랑해요

세상에서 제일 사랑하는 여잔 바로 엄마예요

아내에겐 비밀예요

- 민호기 1집 〈일상에서 영원으로〉(2011)

"세상에서 가장 잘 한 일은 아내를 설득해서 나와 결혼하게 한 것"이라는 윈스턴 처칠처럼 나 역시 내가 세상에서 가장 잘 한 일은 전수현을 설득해서 나와 결혼하게 한 것이다. 내 아내는 겉과 속이 아름다운 사람이다. 내가 아내에게서 가장 닮고 싶은 것이 바로 겉과 속, 앞과 뒤가 똑같은 사람이라는 점이다. 막상 아내에 대해 쓰려니 딱히 쓸 것을 찾기가 쉽지 않다. 내 아내는 그런 사람이다. 있는 듯 없는 듯, 보이는 듯 보이지 않는 듯 조용히 자기 자리를 지키고, 나를, 아이들을 지키는 절대적인 존재다. 물처럼 공기처럼 늘 한결같이 거기 있어주는 존재다. 나를 잘 아는 가까운 사람들은 하나같이 입을 모은다. 지금의 내가 있을 수 있는 것은 전적으로 아내 때문이라고, 그래서 나는 좋아하지만 아내는 존경한다고 말이다.

최근 어려운 일을 겪은 한 선교단체의 강의 사역을 마치고 내미시는 강사료를 애써 다시 돌려드리고 빈손으로 돌아온 날, 밖에 나가 돈은 벌어오지도 못하고 비싼 KTX 요금만 쓰고 왔다는 생각에 살짝 아내에게 미안해지려는 찰나, 섬광처럼 깨달음이 찾아왔다. 아내를 만나고 7년의 연애, 11년의 결혼생활 동안 아내가 나에게 단 한 번도 물어본 적이 없는 말이 있다. 바로, 오늘 사례 얼마 받았느냐는 말이다. 심지어 사례를 받았느냐 안 받았느냐도 물어본 적이 없다는 것. 나는 진심으로 아내를 존경하게 되었다.

마냥 여리고 연약해만 보이던 아내는 엄마가 되면서 세상에서 가장 강한 사람이 되었다. 큰 아이가 갓 돌을 지날 무렵, 아이는 재울 때마다 엉덩이를 두드려 주어야 잠이 들었다. 하루는 하릴없이 옆에 누워 몇 번이나 두드리나 세어보았다. 한 50번 두드리겠지 싶었는데, 웬걸 100번이 넘고 200번이 넘고……. 급기야 500번이 넘어가자 너무 놀란 나머지 나는 벌떡 일어나 앉았다. 일정한 속도와 강도의 두드림은 한 치도 흐트러질 줄을 몰랐고 아이는 1,160번의 두드림 끝에 잠이 들었다. 나는 떨리는 목소리로 물었다. 당신 방금 아기 엉덩이를 몇 번이나 두드린 줄 아느냐고. 잠시 생각하던 아내의 대답은 이랬다.

"음 …… 백 번?"

아내의 대답에 나는 말을 잃고 생각에 잠겼다. 하나님의 사랑을 가장 많이 닮았다는 어머니의 사랑이란 이런 것이구나. 천 개를 주고도 백 개나 줬을까 염려하는 마음. 우리는 아빠와 엄마이기 이전에 서로 의지하는 남편과 아내이지만, 나는 때때로 '내 아이의 어머니'로서의 아내를 존경하고 감동하며 배우게 된다. 다음은 결혼 10주년을 기념하여 아내에게 선물해 준 노래다.

당.신.

민호기 사곡

나는 당신이 당신인 것이 고맙고

당신을 당신으로 여기며 살 수 있어 고맙고

당신이 당신으로 하여금

당신은 당신일 뿐이라 생각한다 해도

당신은 언제나 내게

당신 그 이상의 당신입니다.

- 민호기 1집 〈일상에서 영원으로〉(2011)

아들이 태어나는 순간 아버지도 태어난다. 찬양사역자이던, 목회자이던, 예배 인도자이던, 선생이던 내가 2003년 5월 7일 오후 3시 38분 '아버지'로 태어났다. '모든 어린이는 잠재적 메시아'라던 어느 신학자의 말처럼 나의 생이 어떤 면에서 새롭게 구원받은 느낌이랄까. 나는 이전의 나와 전혀 다른 존재가 되어 있었다. 예수님께 아이가 있었더라면 그분의 비유의 90퍼센트는 아이 이야기였을 거란 생각이 들 정도로 나는 아이를 키우며, 아이를 통해 예전과 전혀 다른 눈으로 하나님을 보고 듣게 되었다.

2006년에 만난 세계적인 석학 레너드 스윗의 간략한 자기소개는 가히 신선한 충격이자 도전이었고, 나는 감히 이것을 패러디 해보았다.

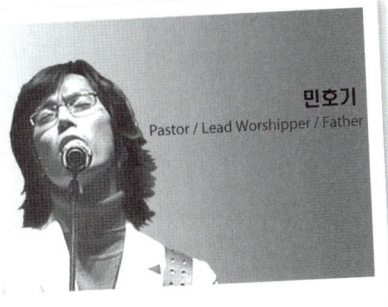

나 역시 나의 가장 중요한 정체성은 그 어떤 화려한 프로필보다 '아버지'란 이름이다.

아주 오래전부터 아이의 이름을 짓는 세 가지 콘셉트를 마음에 두고 있었다.

1. 성경적 의미를 담은 이름을 짓되 '요셉', '에스더' 같은 외국어나 '하은', '예찬' 등의 조어는 피한다.
2. 가능하면 순 우리말과 한자어가 중의적으로 쓰일 수 있으면 좋겠다.
3. 남자든 여자든 상관없이 쓰일 수 있는 중성적인 이름을 찾는다.

그래서 찾아낸 내 아들들의 이름은 '지음'과 '이음'이다. 큰 아들 '지음'知音은 열자列子의 탕문편湯問篇에 나오는 말로, 중국 춘추 전국 시대에 거문고의 명수 '백아'의 거문고 소리를 잘 알아듣는 사람은 오직 그 친구 '종자기' 밖에 없었다는 고사에서 유래했는데, "마음이 통하는 서로 친한 벗"이란 의미대로 누구에게나 나눔과 섬김을 베푸는 좋은 벗이 되어주기를 바라는 마음을 담고 있다. 또한 한자 뜻 그대로 "음악을 아는" 사람이 되길 바란다. 굳이 아빠의 뒤를 이어주기를 바라는 건 아니지만, 음악을 좋아하고 예술을 사랑하는, 마음 따뜻한 사람이 되기를 바라는 마음이랄까. 그러나 가장 중요한 뜻은 한글음의 의미대로 "무언가를 창조하는" 사람이 되었으면 한다. 남들이 가는 길을 생각 없이 따라 걷고, 누군가가 시키는 일을 비판 없이 행하는 것이 아니라 자신의 생각과 의지대로 창의적인

일을 하는 '창조적인 사람'으로 자라주기를 바란다.

둘째 아들 '이음'^{理音}은 소리(로 대표되는 세상과 사물)의 이치들을 고민하는 사려 깊은 사람이 되기를 바라는 마음과 더불어 한글 뜻 그대로 "끊어진 것을 이어주는 사람"이 되면 좋겠다. 예배를 집전하는 제사장에 해당하는 영단어는 Priest고, 이것의 원형이 되는 라틴어는 Pontifex인데, 이는 현대 영어의 Bridge Builder에 해당한다. 하나님을 예배하는 사람은 결국 '다리를 놓는 사람'이다.

"그런즉 누구든지 그리스도 안에 있으면 새로운 피조물이라 이전 것은 지나갔으니 보라 새것이 되었도다 모든 것이 하나님께로 났나니 저가 그리스도로 말미암아 우리를 자기와 화목하게 하시고 또 우리에게 화목하게 하는 직책을 주셨으니 이는 하나님께서 그리스도 안에 계시사 세상을 자기와 화목하게 하시며 저희의 죄를 저희에게 돌리지 아니하시고 화목하게 하는 말씀을 우리에게 부탁하셨느니라 이러므로 우리가 그리스도를 대신하여 사신이 되어 하나님이 우리로 너희를 권면하시는 것같이 그리스도를 대신하여 간구하노니 너희는 하나님과 화목하라"(고후 5:17-20).

'시인과 촌장' 하덕규의 노래 "다리"는 결정적인 모티브가 되었다.

하늘과 사람 사이
사람과 사람 사이
자연과 사람 사이

사람과 그 사람의 속사람 사이

다리가 있었네

다리의 이름은 사랑

사랑이라 부르네

그 사랑의 이름 예수

    생각해 보니 하나님께서 하시는 가장 중요한 두 가지 일이 바로 '지음'과 '이음', 즉 '창조'와 '구속'[회복]이다. 내 아이들이 하나님의 일을 하는, '짓고 잇는' 그분의 좋은 동역자가 되기를 기도한다. 그 옛날의 내 아버지처럼 아이들의 머리맡에서 밤마다 기도하고, 버터플라이 키스[Butterfly Kiss]를 해주고, 자장가를 불러준다. 나는 내 아버지의 빛이면서 내 아들의 소금이다.

    최근 내 생애 최고의 명예로운 직책을 얻게 되었다. '기아대책 음악홍보대사.' 이제 나는 내 아이들의 아버지일 뿐만 아니라, 더 많은 아이들의 아버지가 된다. 지구 반대편에 가슴으로 낳은 아들과 딸이 생겼다. 내 아이들을 위한 자장가로 만든 노래를 이젠 세상 모든 가난한 아가들에게 들려주고 싶다. '내 아이' 같은 '그 아이'들에게.

Lullaby 4 EUMS

민호기 사곡

난 느껴져 너의 고른 숨소리는

마치 천상의 것처럼 평화로와

넌 그렇게 우리에게 찾아든 경이로움

말해질 수 없는 놀라운 축복

나 할 수 있다면 너를 위한 최선이 될게

너만의 든든한 울타리가 되어줄게

넌 또 다른 나 넌 나의 자랑이 되어주렴

우리 이 세상 살아갈 동안에

- 민호기 1집 〈일상에서 영원으로〉(2011)

    가정에 90퍼센트, 사역에 10퍼센트의 에너지를 배분하는 것이 건강한 사역자라는, 사역자에게 가장 중요한 사역이 '가정 사역'이라는 선배들의 이야기를 이해하는 나이가 되었다. 인정받는 사역자라면서 집에서는 좋은 아빠, 남편, 아들이 아니라면 그는 가짜다. "당신의 믿음이 가정에서 실천될 수 없다면 그 믿음을 외부로 유출하지 말라"던 하워드 헨드릭스의 말을 떠올리며 내가 외부로 유출할 수 있는 믿음이 얼마나 빈약한가를 반성하였다. "음악은 내 직업이지만 가족은 내 존재다"라던 최고의 음악사역자 마이클 W. 스미스[Michael W. Smith]의 말처럼 행복한 가정에서 행복한 사역이 흘러나온다. 그런 면에서 나는 세상에서 가장 행복한 사역자다. 가끔씩 천국을 상상해 본다. 무엇을 상상하든 그 이상을 보게 될 것이고, 무엇을 기대하든 그 이상을 받게 될 것이지만, 그것은 금은보화 따위와 비교할 수 있는 것이 아니다. 나는 하나님으로부터의 '상, 그 이상의 상'을 기대해 본다. 이 땅에서 내가 받은 최고의 '상, 그 이상의 상'이 가족이듯, 천국에서도 그러하기를. 천국에서 내 아내를, 내 아이들을, 부모님을 어떻게 부를지 가장 떨리고 어색하고 궁금하다. 천국에서 가족관계가 어떻게 재편될지 알 수 없지만, 여전히 나는 그들의 가족이면 좋겠다. 그곳에서도 그들의 사랑스러운 자식이요, 남편이요, 아빠이기를 바란다.

p.m.23

민호기 사곡

여호와는 나의 목자 내게 부족함 전혀 없네
나를 푸른 초장에 누이시며 쉴 만한 물가로 인도해
내 영혼을 소생시키시고 자기 이름을 위하여
의의 길로 인도하시는도다

사망의 음침한 골짜기로 다닐지라도
해를 두려워 않을 것은 주께서 나와 함께하심이라

지팡이와 막대기가 나를 안위하시나이다
내 원수 앞에서 상 베푸시며 기름을 바르셨으니
내 잔이 넘치네

나의 평생에 선하심과 인자하심이 나를 따르리니
내가 여호와 집에 영원히 거하리로다
영원토록 아멘

작곡이란 걸 시작하고 가장 먼저 쓰고 싶던 곡은 바로 시편 23편이었다. 그러나 당시의 나는 (지금도 마찬가지지만) 음악성도 보잘것없었고, 또 워낙에 시편 23편으로 된 명곡이 많아서 몇 번 긁적이다가 포기하고 말았다. 그리고 늘 마음속에 시편 23편으로 훌륭한 곡을 쓰겠다는 생각을 담아두고 나의 음악성이 어느 정도 자라나길 기다렸던 것 같다. 그렇게 10년 넘게 준비해서 쓴 이 노래는 예상 외로 클래식한 합창곡이다. 내 주변 분들과 성가대를 조직해 함께 연습하며 이 노래를 녹음했다.

"Don't Worry, Be Happy"로 유명한 재즈보컬 바비 맥퍼린[Bobby McFerrin]이 내한공연을 왔다. 평소 그의 다양한 음악세계와 놀라운 스캣보컬을 좋아하던 나는 기대감을 가지고 공연장을 찾았다. 그러나 나를 가장 감동시킨 노래는 의외로 클래식한 합창곡 "The 23rd Psalm"이었다. 곡도 훌륭했지만, 더 충격적인 것은 목자 되신 하나님을 '어머니'에 비유해 노래한 것이다. 이것이 여성신학이나 페미니즘에서 비롯된 가사가 아니라는 것을 나는 안다. 아버지의 부성과는 또 다른 차원의 모성으로 우리를 품으시는 하나님의 사랑과 인도하심은 이렇게도 아름답고 달콤하며 힘이 있다.

p.m.23

민호기 사/곡

TRACK 11

당신은 하나님의 사람

한국 사람들이 가장 좋아하는 찬송이 무엇인지 아는가? 정답은 "축복송"이다. 장르라 하기도 뭣하고, 신학적으로 규정하기도 애매한 이런 류의 노래들은 단연 한국교회 찬송 레퍼토리의 '대세'다. 하긴 생각해 보면 설교도 별반 다르지 않은 것 같다. 그렇다 보니 한국교회를 향해 '기복적이다', '성공 지향적이다' 하는 비판들이 만만찮다. 심지어 최근 한 학자는 물질적인 축복을 강조하는 한국교회 목회자들이야말로 진정한 '유물론자'라는 끔찍한 표현까지 했다.

개인적으로 흥미로운 조사를 한번 해보았다. 새롭게 개정된 찬송가의 경우 80퍼센트 이상이 외국곡이다. (개정 이전 찬송가는 95퍼센트가 넘었다.) 젊은이들이 사용하는 찬양집 「시와 찬미 8집」을 기준으로 전체 873곡 중에 우리나라 곡은 340곡으로 40퍼센트에 불과하다. 즉 외국곡이 60퍼센트 이상이란 얘기다. 그런 와중에 유독 우리나라 곡이 강세인 분야가 있으니 바로 '축복과 교제' 부분이다. '경배와 찬양', '은혜와 사랑', '회개와 고백', '기도와 간구', '선교와 승

178

리' 거의 전 부분에서의 열세와 달리 '축복과 교제'는 60곡 중 56곡이 우리나라 곡으로 무려 93퍼센트가 넘는다. 다른 나라의 성도들은 축복과 위로와 교제에 그다지 관심이 없는 것인지, 아니면 이 부분을 기독교 신앙에서 그렇게 중요한 부분으로 생각하지 않는 것인지 분명치는 않지만, 아무튼 한국 성도들은 여기에 지나치게 집착하는 것처럼 보이는 것이 사실이다. '당신은' 시리즈를 비롯하여, 야곱의 축복, 야베스의 축복 등 '누구누구의 축복' 류의 노래가 유행처럼 번지고 있다. '긍정의 힘'이 노래로 만들어지지 않았다는 점이 놀라울 정도다. 축복송은 때때로 힘 있는 메시지를 전달하며, 실제로 매우 필요하다. 그러나 한국교회에서는 분명 과잉이다. 그래서 축복송을 만드는 것을 극도로 자제하던 내가 "당신은 하나님의 사람"이라는 제목의 전형적인 축복송 냄새가 솔솔 풍기는 노래를 만들게 된 계기가 있다.

천안에 있는 나사렛대학교에서 채플 인도를 마친 뒤 음반판매 부스에서 사인을 하고 있는데, 자그마한 키에 뽀얀 얼굴, 가냘픈 몸매의 여학생이 내 앞에 섰다. 그리고 대뜸 나를 "선배님~" 하고 부른다. 의아해하는 내게 자신은 찬양사역자가 되는 게 꿈인데 내가 먼저 그 길을 걷고 있으니 선배님 맞지 않느냐고 하얗게 웃는다. 그 마음이 하도 예뻐서 그러자고, 오늘부터 내 후배 하라고 말해 주었다. 그리고 얼마 지나지 않아 이 친구에게서 편지 한 통이 날아왔다. 그것도 이메일이 아닌 손으로 꼭꼭 눌러 쓴 장문의 편지였다.

민호기 목사님께

방학이 되어 대구로 내려와서 목요예배를 드리기 시작한 지 얼마 되지 않은 것 같은데, 벌써 개강이 다가오네요.ㅠㅠ

다시 대구로 와서 영적으로나 육적으로나 재충전(?)해야 할 시기에 주변에 여러 가지로 좋지 않은 일들이 많이 생겨서 실망이 컸는데도 마음이 변하지 않고 작은 힘이나마 헌신할 수 있었던 것은 <찬미목요예배> 덕분이었습니다. 목요예배를 드릴 때만큼은 정말 모든 것을 다 잊고 주님 안에서 기뻐할 수 있었고 천국에 온 것 같은 평안함을 누릴 수 있었던 것 같아요. 천안에 있는 나사렛대학교에서 목사님을 만나게 해주시고, 목요예배를 드릴 수 있게 해주신 하나님께 정말 감사드리며, 목사님과 찬미 식구들께도 정말 감사한 마음을 전합니다. 전에도 말씀드렸지만 저는 건강이 좋지 않습니다. 목사님께서도 건강이 그리 좋지만은 않다고 알고 있는데요~ 가끔은 그런 저의 삶이 (K모 방송국에서 방영하는) <인간극장> 같다는 생각을 하기도 합니다. 꼭 저의 건강 때문은 아니겠지만 가끔 누가, 다른 사람이 제가 어디 아팠냐고 묻는다면, 드라마에서 주인공이나 중요한 역할의 사람들이 운이 없게 걸려 죽는 병이라고 둘러대기도 합니다. ㅎㅎ 그리고 '그렇지만 난 살아있다'는 말을 덧붙이기도 하구요, 그렇게 말하는 이유는 다 이야기하자면 시간도 필요하고, 제 이야기를 듣는 사람들이 너무 심각해지기 때문입니다. 제가 초등학교에 갓 입학해서 학교를 다니기 시작할 무렵 '백혈병'이라는 병에 걸렸었거든요. 그런데 제가 그 병에 걸리고 나서 많은 드라마에서 주인공들을 백혈병으로 죽이더라구요~(대표적으로 '가을동화'의 은서?? ㅎㅎ) 아직도 그날 우시던 엄마의 모습이 기억납니다. 하지만 하나님께서는 그 일을

통해서 엄마가 잊고 있었던 사역자로서의 소명을 다시금 일깨우시고, 그런 엄마의 입술을 통해 저 또한 주님의 종으로 살도록 서원하게 하셨습니다. 감사하게도 하나님께서 저의 백혈병을 치료해 주셨고, 그렇게 초등학교와 중학교를 무사히 다닐 수 있도록 해주셨답니다. 그렇게 아무 탈 없이 지내던 중 중학교 생활이 다 끝나가던 중3 늦은 가을 즈음부터 제 몸에 이상한 기후들이 나타나기 시작했어요. 말하는 것과 손동작이 어눌해져서 동네 병원을 전전하던 중 엄마의 권유로 저의 백혈병을 치료해 주신 교수님께 진료를 받게 되고, MRI 검사를 하게 되었습니다. 그리고 중학교에서의 마지막 시험을 치르고, 홀가분한 마음으로 중학교의 마지막 시간을 보내던 딱 3일째 되는 날 엄마가 학교에 오셨습니다. 빨리 병원에 가야 한다는 엄마의 말씀에 저는 일찍 학교를 떠나는 것이 좋아서 생글생글 웃으며 친구들에게 '내일 보자'고 인사를 하고 학교를 떠나 병원에 갔는데, 병원에서는 '희돌기교아세돌종'이라는 이름도 긴, 희귀한 뇌종양이라는 검사 결과가 저를 기다리고 있었습니다.

저를 데리고 기도원으로 향하시려던 엄마를 말리신 것은 예전 저의 백혈병을 치료해 주신 교수님이었고, 1년만 치료해 보자는 그 교수님의 권유로 병원에서 항암치료를 시작하게 되었습니다. 비록 1년이 아닌 3년이라는 시간이 소요되긴 했지만, 하나님께서는 저를 깨끗이 낫게 하셨습니다(그리고 그 즈음 드라마에선 뇌종양이 유행(?)했답니다 ㅋ).

처음 소식을 들었을 때 저는 당연히 아니라고 생각했어요. 수두처럼 한 번만 겪으면 면역력이 생겨서 두 번 다시 아프지 않을 거라는 식의 막연한 믿음 때문이었을까요? 다시는 하고 싶지 않았던 삭발을 하고 머리에 있는 큰 종양이 치료를 받아야 하는 양성인지, 그다지 문제가 되지 않는 음성인지 조직 검사를 하기 위에 머리에 두 번의 칼을 대고 결과를 기다리는 동안 제 믿음은 굳건했는데……. 검사결과는 절망적이었습니다. 결과를 들었을 당시는 잘 기억이 나지 않네요. 아마 너무 절망적이어서 자기방어적으로 기억이 사라졌나 봐요.ㅋ 그렇지만 마음속에 품고 있던 생각 하나만큼은 기억이 납니다. "왜 나만……."
다른 사람들은 평생에 한 번 겪을까 말까 한 일들을 나는 왜 두 번이나 겪어야만 하나……. 그렇게 한 달을 매일같이 울었던 기억이 나네요. 그렇게 울면서 하나님께 원망도 많이 했구요. 그렇지만 그분은 시간이 지나면서 조금씩, 조금씩 당신의 마음을 알게 하셨습니다. 세상에서 어떻게든 다른 사람들보다 앞서 나가려고, 세상에서의 경쟁에서 이기고 다른 이의 위에 서보려고, 그렇게 아등바등 살던 저를 안타깝게 여기셔서, 너무 교만하고, 세상에 빠져 헤어나오지 못하고, 너무 악해진 수진이에게 평안함을 주시려고…… 한걸음, 아니 많이 뒤처지더라도 당신과 함께 가자…….

아직도 연습 중이고, 자꾸 조급해지고, 혼자 불안에 떨기도 하고, 아직도 교만하고 너무너무 부족하기 짝이 없는 저이지만, 찬양 가사처럼 비교하기보다는 자신을 더 가꾸고 나를 사랑하시는 그분을 신뢰하면서, 많이 넘어지고 깨지고 좌절하고 앞으로도 많이 아파하겠지만 주 예수께 받은 사명을 위해 열심히 달려 나가는 제가 되기를 소원합니다.

저를 위해 기도 부탁 드리구요, 길었지만 부단히 인내를 가지고, 여기까지 읽어주셔서 무한 감사드립니다.^-^

08. 02. 27 火　　후배사역자 박수진 드림

추신 _ 부족하지만.. 목사님의 영성과 건강, 그리고 무엇보다 소중한 가정을위해서 기도하겠습니다. 빠샤!! 빠샤!! 빠샤!! ㅎㅎ

182

편지를 읽어나가며 눈물이 그렁그렁해진 내 머릿속에 하나의 이미지가 떠올랐다.

'승리의 깃발!'

전쟁을 하는 군대는 자신의 나라를 대표하는 깃발을 들고 싸운다. 깃발을 든 병사가 쓰러지면 또 다른 병사가 깃발을 집어 든다. 그 병사가 쓰러지면 또 다른 병사가 집어 든다. 그렇게 치열한 전쟁이 끝나고 드디어 승리의 전쟁터 가운데 승리의 깃발을 세울 때면, 이미 깃발은 병사들의 피와 땀과 눈물, 흙먼지로 범벅이 되고, 밟히고 찢기고 헤져 너덜너덜하다. 그게 바로 승리의 깃발이다. 만약에 그 자리에 깨끗하고 흠집 하나 없는 새 깃발이 펄럭이고 있다면, 그건 나중에 교체된 가짜다.

고난이 없는 그리스도인의 삶이 있을 수 있을까. 우리 모두는 혹독한 인생길 가운데, 예기치 못한 사건과 사고와 병과 이별에 맞서야 한다. 사망의 음침한 골짜기도 지나야 하고, 아골 골짝 같은 빈 들도 걸어야 한다. 그러나 그 어떤 극한의 상황에서도 결코 무릎 꿇지 않으며, 절망의 끝, 그 깊은 바닥에서도 하늘을 향한 눈을 내리지 않는다. 쓰디쓴 눈물이 양식이 되고, 고통이 일상이 되어도 상처투성이 온몸에 예수의 흔적을 가진 그이, 그이가 바로 '승리의 깃발'이며 '하나님의 사람'이라 불릴 수 있다. 이 노래는 바로 수진이를 위한 선물로 만들었다. 그리고 굳이 따지자면 이 노래는 축복송이 아니라 '애가哀歌'다.

유진 피터슨에 따르면 시편의 70퍼센트는 애가다. 일반적으로 시편의 장르를 '찬양시, 탄식시, 감사시, 신뢰시, 회상시, 지혜시, 제왕시'로 구분한다. 적나라한 탄식시가 아닌 다른 노래들의 곳곳에서도 애통함의 눈물과 고통의 절규와 분노의 호소와 대적에 대한 저주가 빈번하다. 그에 반해 오늘날 우리가 쓰는 찬송들에서는 애가를 철저하게 소외시켜버렸다. 찬송가의 '성도의 생애' 부분만 하더라도 '부르심과 영접, 회개와 사죄, 신뢰와 확신, 소명과 헌신, 시련과 극복, 봉사와 충성, 분투와 승리, 은혜와 사랑, 인도와 보호, 평안과 위로, 기도와 간구, 축복과 감사, 주와 동행, 주를 본받음, 제자의 길, 성도의 교제, 신유, 소망'으로 세분되어 있지만, 성도들에게 많이 불리는 애가는 찾아보기도 힘들 뿐더러 심지어 단조 곡조차 드물다.

가령 사랑하는 사람의 장례를 치르고 교회에 온 성도가 있다고 하자. 그의 고역은 찬송 시간을 통해 가중된다. 모두들 박수치고 춤추고 뛰며 찬양할 때 그는 그 자리를 박차고 나서고 싶은 심정일 것이 분명하다. 모든 것이 합력해서 선을 이루는 것도 알고, 죽음이 끝이 아니란 것도 알고, 이 모든 일조차 감사해야 한다는 것도 알 테지만, 그에게 신앙의 이름으로 기쁨과 감사의 노래를 강요할 수는 없다. 그에게 당장 필요한 노래는 "주님, 나의 눈에서 눈물이 그치지 않습니다. 제 마음은 깨어져 조각을 찾을 수도 없습니다. 하나님은 도대체 어디에 계신 것입니까" 하는 시편의 애가여야 하지 않는가.

김기현 목사는 저서 「하박국, 고통을 노래하다」 복있는사람 에서 넘기 힘든 시험으로 하나님을 믿기 어렵다고 느낀다면, 과감하게

하나님께 물으라고 권한다. 시편 기자처럼, 하박국처럼, 욥처럼 하나님께 항변하는 그 자체가 하나님을 인정한다는 것을 전제로 하는 것일 테고, 하나님을 '인정한다'는 것과 '찬양한다'는 것은 같은 어원이라는 점을 우리는 기억해야 한다.

우리는 고난을 극복의 대상으로만 인지하지만, 고난은 또한 직면의 대상임도 인정해야 한다. 우리는 고통에 직면해야 하고 또한 그 고통의 근원에 계신 하나님께 직면해야 한다. 사랑하는 아들을 잃고 절망에 빠진 철학자이자 신학자인 니콜라스 월터스토프는 말한다.

> 슬픔에 관해 쓴 몇 권의 책을 훑어보았다. 그 책들은 죽음과 고통을 직면하지 않는 방법들에 대해 말하고 있었다. 죽음을 직면하지 않고 돌아서서 내적인 '애통의 과정'을 가진 후, 합리화라는 무거운 손을 그 위에 올려놓는 방법을 제시하고 있었다.
> 나는 그렇게 하지 않을 것이다. 나는 얼굴을 돌리지 않을 것이다. 그래서 참으로 삶에는 고통 이상의 것도 있다는 사실을 나 자신에게 일깨워줄 것이다. 나는 기쁨을 받아들일 것이다. 그러나 에릭이 죽었다는 사실로부터 고개를 돌리지 않을 것이다. 그의 죽음의 악마적인 끔찍함을 간과하지 않을 것이다. 이것이 내가 에릭과 하나님께 갚아야 할 빚이다.

이런 직면의 과정을 견뎌내고 있는 이들이 부를 노래를 교회는 허락해 줘야 한다. 직면해내지 못한 채 그저 강요당한 기쁨의 노래를 부르며, 속으로 울고 있는 누군가의 마음이 기댈 노래를 교회는 마련해 주어야 한다. 교회는 그리스도인에게 애가를 허하라. 그가 고통도 직면하고 하나님도 직면하여, 고통도 인정하고 하나님도 인정할 수 있도록 기다려주라.

산상수훈은 둘째 복으로 "애통하는 자가 위로를 받을 것"(마 5:4)이라 말씀한다. '위로를 받을 것'의 헬라어 원어는 '파라클레테손타이'이며, 이 단어는 하나님을 주어로 하는 이른바 "신적인 수동형 동사"다. 위로는 근본적으로 우리의 일이 아닌 하나님께 속한 것이다. 우리가 할 수 있는 위로가 있다면 신영복 선생의 표현처럼 "비오는 날 비 맞고 걸어가는 이를 보면, 우산을 걷고 그의 곁에서 함께 비를 맞으며 걸어주는" 것이어야 하고, 이는 어쩌면 그 잘난 몇 마디의 위로와 교훈의 말과는 비교할 수 없을 만큼 어려운 것이다. 수전 손택은 "타인의 고통을 바라볼 때는 '우리'라는 말을 사용해서는 안 된다"고 했다. 그들의 고통과 나의 평온한 일상이 '우리'라는 단어로 묶이는 순간, 그 말은 엄연한 폭력으로 그의 상처 난 부분을 사정없이 가격하게 된다. 진정한 배려란 상대방이 자기를 원할 때 거기에 있어주는 것뿐 아니라, 상대방이 자기를 원하지 않을 때 거기에 없어주는 데에도 있다는 사실을 기억하자. 때로는 그저 모른 척 자리를 피해주는 것이, 혹은 그냥 손잡고 같이 펑펑 울어주기만 하는 것이 그 어떤 위로의 말과 신앙의 교훈과 고난 극복의 사례를 소개하는 것보다 더 나을지도 모르겠다.

위로자에게 자격이 필요하다면, 꼭 그래야 한다면 같은 아픔과 애

186

통의 경험을 공유한 '공감자'면 좋겠다. 헨리 나우웬의 책 제목 '상처 입은 치유자'The Wounded Healer는 많은 생각을 하게 한다. 혹독한 고난의 시간을 아프게 견뎌낸 하나님의 사람은 또 다른 고통을 겪고 있는 누군가에게 별다른 말을 하지 않아도, 고통을 먼저 겪었다는 것만으로 이미 치유자가 된다. 우리의 주인 예수 그리스도께서 그러하신 것처럼.

그럼에도 다시금 확인하건대 애가는 우리의 최종적인 노래가 아니다. 벤야민 슈몰크 목사는 30년 종교전쟁으로 황폐해진 독일에서 36개나 되는 교구마을을 돌아다니며 교인들을 돌보는 신실한 사역자였다. 1704년 어느 날 슈몰크 목사 부부가 그 먼 지역들을 심방하고 돌아와 보니 집이 불타 잿더미가 되어 있었다. 아들 형제가 보이지 않아 잿더미를 파헤쳐보니 어린 두 아들이 서로 부둥켜안은 채 타죽어 있었다. 그는 두 아들의 주검 앞에서 무너지는 가슴으로 이 노래를 만들어 찬양했다.

> 내 주여 뜻대로 행하시옵소서. 온몸과 영혼을 다 주께 드리니.
> 이 세상 고락 간 주 인도하시고 날 주관하셔서 뜻대로 하소서.

그는 또한 이 애통함을 위로해 줄 수 있는 사람은 단 한 명 밖에 없음을 알았다. 2절에서는 또 이렇게 노래한다.

> 주님도 때로는 울기도 하셨네

이를 직역해 본다.

나의 예수님, 당신의 뜻대로 하옵소서.
많은 눈물을 통해 볼지라도 내 소망의 별이 희미해지거나 사라지지 않게 하소서.
주께서 이 땅에 계실 때도 우시고 자주 홀로 슬퍼하셨습니다.
주님과 함께 울어야 한다 하여도 내 주님, 당신의 뜻을 이루소서.

벤야민 목사는 진정한 상처 입은 치유자께 그의 상한 마음을 토로했다. 그리고 그에 그치지 않고 그의 삶을 새로이 헌신한다.

내 주여 뜻대로 행하시옵소서. 내 모든 일들을 다 주께 맡기고
저 천성 향하여 고요히 가리니 살든지 죽든지 뜻대로 하소서.

마지막 가사만 직역해 본다.

살든지 죽든지 찬송합니다.
나의 주님, 당신의 뜻이 이루어지이다.

그에 비할 바 아니지만 개인적인 이야기 하나를 나누고자 한다. 야심차게 준비한 새 음반 출시를 앞두고 있던 2001년의 어느 여름날, 주님께서 우리 가정에 주신 첫 아이를 갑작스럽게 유산했다. 오후에 있던 집회도 못 가고 아내 곁을 지켰다. 고향을 떠나 서울에

올라와 있던 터라 부모님도, 장모님도 올라오실 수가 없어 서툰 솜씨로 1회용 미역국을 끓여야 했고, 그날 내내 울고 있는 아내 앞에서 열심히 의연한 척, 명랑한 척 연기를 했다. 아내가 잠든 후 핸드폰이 울렸다. 다른 멤버와 함께 집회를 다녀온 매니저가 보낸 문자 한 통이 보였다. "어떤 시련이 와도 나 두렵지 않네 주와 함께 걷는 이 길에."

곧 출시될 새 음반의 타이틀 곡, 그것도 내가 직접 만들고 부른 "하늘소망"의 마지막 소절 가사 앞에 울컥 핸드폰을 들고 화장실로 달려가 온종일 어금니 깨물고 참고 있던 모든 눈물을 쏟아내며 꺼이꺼이 울었던 기억. 어쩌면 우리 모두는 남이 말해 주지 않아도 시련 앞에 스스로 해답을 가지고 있을지도 모르겠다.

알지만 어찌할 수 없는 상황 앞에 있는 그대들이여. 가누지 못하는 애통함에 처한 지체를 지켜보는 그대들이여. "내 주여 뜻대로 행하시옵소서……. 어떤 시련이 와도 나 두렵지 않네." 상처 입은 치유자의 노래를 고요히 읊조려 보시기를.

하늘 소망

민호기 사곡

나 지금은 비록 땅을 벗하며 살지라도
내 영혼 저 하늘을 디디며 사네
내 주님 계신 눈물 없는 곳

저 하늘에 숨겨둔 내 소망 있네

보고픈 얼굴들 그리운 이름들 많이 생각나
때론 가슴 터지도록 기다려지는 곳
내 아버지 너른 품 날 맞으시는
저 하늘에 쌓아둔 내 소망 있네

주님 그 나라에 이를 때까지
순례의 걸음 멈추지 않으며
어떤 시련이 와도 나 두렵지 않네
주와 함께 걷는 이 길에

- 소망의 바다 2집 〈약속의 땅을 향하여〉(2001)

위르겐 몰트만의 말은 그 어떤 달콤한 축복송보다 큰 위로를 준다. "하나님께서 항상 우리와 함께 우시기 때문에, 어느 한 날 우리도 하나님과 함께 웃을 수 있을 것이다."

당신은 하나님의 사람

민호기 사곡

그 어떤 극한의 상황에서도 결코 무릎 꿇지 않는

혹독한 고난의 시간 아프게 견뎌내 온

당신은 하나님의 사람

절망의 끝 그 깊은 바닥에서도 하늘 향한 눈 내리지 않는

당신은 승리의 깃발 당신은 의의 나무

당신은 하나님의 사람

당신은 용감한, 당신은 두렴 없는,

당신은 겸손한 하나님의 사람

당신은 온유한, 당신은 지칠 줄 모르는,

당신은 신실한, 거룩한 예배자

쓰디쓴 눈물이 양식이 되고 고통이 일상이 되어도

상처투성이 온몸에 예수의 흔적 가진

당신은 하나님의 사람

당신은 용감한, 당신은 두렴 없는,

당신은 겸손한 하나님의 사람

당신은 온유한, 당신은 지칠 줄 모르는,
당신은 신실한, 거룩한 예배자

박수진 양은 지난해 우리 팀 '찬미워십'에 입단하여 '공식적'인 나의 후배가 되었다. 수진이는 지금도 걸어 다니는 종합병동이다. 여전히 재발의 염려와 또 다른 발병의 위험과 싸우고 있다. 그러나 그는 여전히 승리의 깃발이며, 내가 아는 가장 따뜻하고 행복한 하나님의 사람이다.

음반을 녹음하며 훌륭한 가수들이 부르는 대신 '승리의 깃발'과 같은 '하나님의 사람'들의 목소리를 담고 싶었다. 후배를 위해 지원한 비행에서 추락사하신 고故 오충현 대령님의 남겨진 어린 두 남매 상철, 유빈이가 마이크 앞에 섰다.

세상을 떠난 아버지, 집을 나간 어머니를 대신해 할머니와 남동생을 부양하며 꿈을 위해 열심히 달리고 있는 제자 안현진 양이, 그리고 이 노래의 주인공 수진이가 함께 불렀다.

녹음실은 늘 눈물로 젖어 있었지만, 그렇게 우리는 상처 입은 치유자들이 전하는, 말보다 노래보다 더 큰 메시지를 담아낼 수 있었다.

과거에 내가 만든 노래들이 누군가의 삶을 보듬고 일으켜준 기억이 있다. 자살을 생각하며 유서를 쓰던 고등학생이 우연히 라디오에서 흘러나온 '그댄 다시 시작할 수 있어요'를 듣고 마음을 돌이켰다는 연락이 라디오 생방송 도중 날아들기도 했고, 신촌에 있는

한 미혼모 시설에선 만삭의 십 대들과 함께 눈물을 흘리며 노래하기도 했다. 문득 그 아이들과 그 아이들의 아이들이 궁금해진다.

주말 가족여행 중 교통사고를 당한 후 병원에서 의식을 찾고 보니 남편과 어린 두 아들은 이미 세상을 떠나버린 한 젊은 부인은 거동만 할 수 있게 되는 즉시 스스로 남편과 아들들에게로 가겠노라 결심했다 한다. 그러나 우연히 입원실에서 흘러나온 "하늘 소망"을 듣고 마음을 돌이켜 새로운 삶을 결심하게 되었다는 이야기를 전해 들었다.

아프리카 선교사님이 어머니의 소천 소식을 듣고도 어려운 형편에 귀국을 꿈도 못 꾸고 있을 때 지인이 보내준 이메일에 담긴 이 노래로 위로를 얻으셨다는 소식을 보내왔다.

부디 이 노래도 또 다른 수진이들에게 소망이 되기를. 위로가 되기를, 눈물 닦아주기를.

Track11 당신은 하나님의 사람

당신은 하나님의 사람

민호기 사/곡

그 어떤 극한의 상황에서도 결코 무릎꿇지 않는
혹독한 고난의 시간 아프게 견뎌 내온
당신은 하나님의 사람 절망의 끝 그 깊은 바다에서도
하늘 향한 눈 내리지 않는 당신은 승리의 깃발
당신은 의의 나무 당신은 하나님의 사람
당신은 용감한 당신은 두려움 없는 당신은 겸손한 하
나님의 사람 당신은 온유한 당신은 지칠줄 모르는
당신은 신실한 거룩한 예배자

Fine

Track 12

이곳에 이 땅 위에

신학을 공부하며 배운 가장 중요하고 광범위하고 어려운 주제 중 하나는 바로 '하나님 나라'$^{Basileia\ Tou\ Theou}$ 개념이다. 하늘에 있어서 '천국'이라는 유아적 개념이나 죽어서 가는 곳이라는 내세적 개념 정도에서, 그나마 하나님이 다스리시는 주권적, 통치적 개념으로서의 하나님 나라는 'The Kingdom of God' 보다 'The Reign of God' 으로 더 잘 설명될 수 있다는 깨달음도 얻게 되었다. 하나님의 나라를 설명하는 수많은 구절 중에서 가장 마음을 움직이고 삶에 영향을 준 것이 바로 이 말씀이다.

"그러므로 가라사대 하나님의 나라가 무엇과 같을꼬 내가 무엇으로 비할꼬 마치 사람이 자기 채전에 갖다 심은 겨자씨 한 알 같으니 자라 나무가 되어 공중의 새들이 그 가지에 깃들였느니라 또 가라사대 내가 하나님의 나라를 무엇으로 비할꼬 마치 여자가 가루 서 말 속에 갖다 넣어 전부 부풀게 한 누룩과 같으니라 하셨더라"(눅 13:18-21).

마태복음 13장에도 같은 내용이 기록되어 있지만 나는 누가복음 본문을 더 선호한다. 그 이유는 바로 18절 때문이다.

"가라사대 하나님의 나라가 무엇과 같을꼬 내가 무엇으로 비할꼬."

사장님이 직접 출연해 어눌하지만 진솔하게 말하던, 근래 크게 히트한 건강보조식품 광고의 한 장면이 자연스레 떠올랐다. "산수유~ 참 좋은데. 남자한테 정말 좋은데. 어떻게 표현할 방법이 없네." 마찬가지로 이 구절에서는 인간의 몸을 입으시어 제한된 언어와 표현으로 하나님의 나라를 보여주고 알려주고 설명해 주고 싶은 예수님의 간절하지만 답답한 심정이 느껴진다. 그래서 주님이 생각해 내신 것은 바로 '겨자씨와 누룩'이다. 1-2밀리미터에 불과한 겨자씨 한 알이 자라서 큰 나무가 되어 공중의 새들이 그 가지에 깃든다는 말씀을 우리는 지금껏 지나치게 단순한 양적인 성장과 부흥으로만 해석해 왔다.

"주 여호와께서 이같이 말씀하시되 내가 백향목 꼭대기에서 높은 가지를 꺾어다가 심으리라 내가 그 높은 새 가지 끝에서 연한 가지를 꺾어 높고 우뚝 솟은 산에 심되 이스라엘 높은 산에 심으리니 그 가지가 무성하고 열매를 맺어서 아름다운 백향목이 될 것이요 각종 새가 그 아래에 깃들이며 그 가지 그늘에 살리라 들의 모든 나무가 나 여호와는 높은 나무를 낮추고 낮은 나무를 높이며 푸른 나무를 말리고 마른 나무를 무성하게 하는 줄 알리라 나 여호와는 말하고 이루느니라 하라"(겔 17:22-24).

일반적으로 에스겔의 이 예언을 인용하신 것으로 추정되기도 하나 실은 이것과는 좀 차원이 다른 깊이가 있다고 여겨진다. 놀라운 사실은 겨자는 나무가 아니라는 것이다. 인터넷 포털 사이트를 한 번 검색해 보라. 겨자는 1, 2년생 초본으로 보통 1-1.5미터정도까지 자라는 아주 연약한 '풀'이다. 그런데 예수님은 이것이 자라 3미터 가량의 관목灌木이 되고 더 크게 자라 종국엔 8미터 이상의 교목喬木이 된다는 비상식적인 말씀을 하신다. 이것은 예수님의 착각이나 실수인가. 다른 나무씨앗과 헷갈리신 것인가. 나는 아니라 믿는다. 예수님의 겨자씨 비유의 초점은 사실 '성장'Grow Up이 아니라, 근본적인 '변화'Transformation다.

하나님 나라의 백성이 된다는 것은, '풀'과 '나무'가 다른 것처럼 이전과는 전혀 다른 존재가 되는 것이다. 그리고 그 크고 새로운 존재에 연약한 이들이 깃들게 된다. 많은 영혼을 품고 먹이고 살리게 된다. 갈 곳 없는 이들, 마음 둘 데 없는 이들의 큰 그늘이 되어준다. 이것이 하나님의 나라요, 거기에 사는 사람들의 삶이다.

누룩은 술을 빚거나 빵을 구울 때 쓰는 발효제다. 누룩을 넣으면 처음엔 겉으로 아무 일도 일어나지 않는 듯하나 조금씩 무언가 그 안에서 변화가 일어나 이윽고 반죽 전체가 부풀어 오르기 시작한다. 누룩은 양만 부풀게 하는 것이 아니라 성분이 달라지게 하는 것이다. 양의 변화보다 질의 변화를 가져오는 것이다. 우리는 때때로 누룩으로서의 정체성을 잃어버린 채 부풀어 오르는 반죽 덩어리의 크기에만 집착하기도 한다. 이 시대의 선지자 신광은 교수는 저서 「메가처치 논박」 정연을 통해 한국교회를 향해 경고한다. 멈출 줄 모르고 끝없이 계속 자라는 것이 있는데 그것은 다름 아닌 '암세포'라고 말이다. 건강한 몸은 어느 정도 자라면 세포분열을 통해 적정 선을 유지한다. 크기의 환상, 규모의 신화에 사로잡힌 교회는 암환자에 다름 아니다.

다음은 「하늘 나그네의 사계」 킹덤북스의 저자 류호준 교수의 선지자적 외침이다.

> 기독교 신앙은 대형 집회에 관한 것이 아닙니다. 대형 교회에 관한 것이 아닙니다. 수많은 청중과 교인들에 관한 것도 아닙니다. 대중광고나 홍보에 대한 것이

아닙니다. 이미지 구축에 관한 것이 아닙니다. 판매 전략이나 고객확보에 관한 것도 아닙니다.

기독교 신앙은 누룩에 관한 것입니다. 이미 있는 반죽을 부풀게 하는 것입니다. 영향을 미치는 것입니다. 감화를 주는 것입니다. 부풀게 하고 숙성하게 하기 위해 여러분이 클 필요는 없습니다. …… 힘과 능력이 거주하는 곳은 누룩입니다. 힘과 능력은 반죽 덩어리 안에 있지 않습니다. 능력은 소수의 사람들^{minority}, 즉 하나님 나라에 대한 비전으로 불타오르는 소수의 마이너리티 안에 있습니다. 여러분이 그리스도인이 되었을 때, 아니 여러분이 그리스도인이 되었다는 뜻은 그러한 소수자들 중의 한 부분이 되었다는 뜻입니다. …… 여러분은 '누룩 소수자$^{yeast\ minority}$의 한 지체가 된 것입니다.

하나님 나라의 백성이 하는 일은 단순히 크게 자라기만 하는 것이 아니라 큰 것을 발효시키는 것이다. 자라는 것, 성장하는 것은 분명 아름다운 것이다. 우리는 그리스도의 장성한 분량이 충만한 데까지 자라나야 한다. 그러나 동시에 우리는 기억해야 한다. 우리는 누룩인가 반죽덩이인가. 끊임없이 질문을 던지며, 자신과 공동체를 살피며 자라나야 한다. 소수이고 작지만 타협하지 않는 누룩이 되어 나를, 공동체를, 주의 몸 된 교회를, 이 세상을 건강한 성장과 변화로 이끌어야 한다.

모세에게도 있었고, 여호수아에게도 있었고, 엘리야에게도 있었고, 베드로와 바울에게도 있었으나 다윗에게는 없는 게 있다. 그토록 극적인 인생, 산전수전 다 겪은 다윗이 경험하지 못한 게 있다.

그게 뭔지 아는가? 바로 '기적'이다. 의외겠지만 그는 초자연적인 기적을 경험하지 못한 소수의 신앙 위인 중 하나다. 다윗은 그 모든 사건, 모든 사람, 모든 상황을 직접 자신의 몸으로 부딪쳐낸다. 어린 나이에 왕으로 기름부음을 받았으나 사울의 정권은 튼튼하기만 하다. 골리앗을 쓰러뜨리고 영웅이 되었지만 왕의 질투에 도망자가 된다. 왕이 된다는 하나님의 약속은 멀고, 생명의 위협이 언제나 그의 곁을 도사린다. 아름답던 그의 노래는 애가로 변해가고 차가운 동굴 바닥이 그의 현실이다. 그러나 그는 노래한다.

"하나님이여 내게 은혜를 베푸소서 내게 은혜를 베푸소서 내 영혼이 주께로 피하되 주의 날개 그늘 아래에서 이 재앙들이 지나기까지 피하리이다 내가 지존하신 하나님께 부르짖음이여 곧 나를 위하여 모든 것을 이루시는 하나님께로다 그가 하늘에서 보내사 나를 삼키려는 자의 비방에서 나를 구원하실지라 (셀라) 하나님이 그의 인자와 진리를 보내시리로다 내 영혼이 사자들 가운데에서 살며 내가 불사르는 자들 중에 누웠으니 곧 사람의 아들들 중에라 그들의 이는 창과 화살이요 그들의 혀는 날카로운 칼 같도다 하나님이여 주는 하늘 위에 높이 들리시며 주의 영광이 온 세계 위에 높아지기를 원하나이다 그들이 내 걸음을 막으려고 그물을 준비하였으니 내 영혼이 억울하도다 그들이 내 앞에 웅덩이를 팠으나 자기들이 그 중에 빠졌도다 (셀라) 하나님이여 내 마음이 확정되었고 내 마음이 확정되었사오니 내가 노래하고 내가 찬송하리이다 내 영광아 깰지어다 비파야, 수금아, 깰지어다 내가 새벽을 깨우리로다 주여 내가 만민 중에서 주께 감사하오며 뭇 나라 중에서 주를 찬송하리이다 무릇 주의 인자는 커서 하늘에 미치고 주의 진리는 궁창에 이르나이다 하나님이여 주는 하늘 위에 높이 들리시며 주의 영광이 온 세계 위에 높아지기를 원하나이다"(시 57편).

왜 이 노래를 다윗의 '우주적 찬양'이라 하는지 알 것도 같다. 이 시편의 부제는 '다윗이 사울을 피하여 굴에 있던 때에'이다. 비록 그의 머리 위 현실은 늘 죽음과 직면해야 하는 음습하고 차가운 동굴이었지만 그의 영은 우주의 크기로 예배했다. 실제로 그가 지은 시편 노래는 대부분 경치 좋은 정자와 안락한 궁궐에서 만들어지지 않았다. 사실 다윗은 직업 음악가가 아니었다. 예배에만 전념하는 성직자도 아니었다. 그는 본질적으로 군인이자 정치가였다. 그는 거의 평생을 전장에서 치열하게 살았다. 도처에 도사리는 생명의 위협과 안팎의 정적들, 갖은 권력의 암투와 배신의 두려움 속에 살았다. 악기를 연주하며 하나님을 찬양하고 예배할 때가 유일한 위안이었겠지만 그의 현실은 늘 험악했다. '목자'라는 낭만적인 표현으로 하나님을 노래한 것은 시편 23편과 28편, 단 2회뿐이다. 그 외 대부분은 '반석, 요새, 산성, 힘, 피난처, 방패'와 같은 군사용어로 하나님을 표현했다.

우리는 기억해야 한다. 다윗의 삶은 영적인 이야기지만 동시에 철저히 세속적인 이야기이다. 우리는 온전한 삶의 모델, 신앙의 위인으로 다윗을 꼽지만, 어떤 면에서 다윗의 삶은 흠이 매우 많다. 공도 크지만 과도 크다. 그런 그는 자신의 연약함을 알았기에 하나님을 의지했고, 그분께 피했고, 그분께 맡겼고, 때론 책임도 떠넘겼

다. 말 그대로 자신의 작음과 하나님의 크심을 인정하고 또 찬양했다. 그는 하나님의 광대하심을 가장 잘 표현한 작가다. 기적보다 더 크고 놀라운 삶의 순간들이 그로 하여금 크신 하나님을 노래하게 했다. 기적을 보여주시든 안 보여주시든 그분은 크고 광대하신 하나님이시다. 기적이 있든 없든 작고 낮은 내 삶은 그분 안에서 놀랍기만 하다.

찬미워십의 세 번째 음반의 주제를 "Amazing"으로 정해두고 음반 속지에 쓴 글이다. 역시 이 분야가 전공인 다윗의 고백을 빌려 왔다.

"하늘이 하나님의 영광을 선포하고 궁창이 그 손으로 하신 일을 나타내는도다 날은 날에게 말하고 밤은 밤에게 지식을 전하니 언어가 없고 들리는 소리도 없으나 그 소리가 온 땅에 통하고 그 말씀이 세계 끝까지 이르도다"(시 19:1-4).

우리가 드리는 예배, 우리의 음악,
그 좁디좁은 그릇에 다 담을 수도, 닮을 수도 없는 놀라우심.
하늘을 두루마리 삼고 바다를 먹물 삼아도
다 표현치 못할 그 높으심, 그 깊으심, 그 넓고 크심.
생각하고 또 생각하여 봅니다.

산과 바다, 온 우주에 넘쳐나는 창조세계의 아름다움은

주님의 춤입니다.
바람과 파도와 비와 천둥은 하나님의 노래요,
창조주의 교향곡입니다.
감탄하고 또 감탄하여 봅니다.

"여호와의 율법은 완전하여 영혼을 소성케 하고 여호와의 증거는 확실하여 우둔한 자로 지혜롭게 하며 여호와의 교훈은 정직하여 마음을 기쁘게 하고 여호와의 계명은 순결하여 눈을 밝게 하도다 여호와를 경외하는 도는 정결하여 영원까지 이르고 여호와의 규례는 확실하여 다 의로우니 금 곧 많은 정금보다 더 사모할 것이며 꿀과 송이꿀보다 더 달도다"(시 19:7-10).

그러나 가장 놀라운 것은
나를 향한 주의 사랑입니다.
연약하고 부족한, 추악하고 부끄러운 우리가 주님 앞에 섭니다.

"자기 허물을 능히 깨달을 자 누구리요 나를 숨은 허물에서 벗어나게 하소서 또 주의 종으로 고범죄를 짓지 말게 하사 그 죄가 나를 주장치 못하게 하소서 그리하시면 내가 정직하여 큰 죄과에서 벗어나겠나이다"(시 19:12, 13).

하나님 앞에 설 만한, 감히 그분을 예배할 자격조차 없는
우리의 예배를 기뻐 흠향하시는 그분 앞에
그저 감사하며, 감격하며, 기뻐 뛰며, 춤을 추며,

소리치며, 엎드리며, 흐느끼며
이렇게 고백할 수밖에 없습니다.

주님의 사랑과 은혜가 놀랍고도 놀랍습니다.
Amazing…….

"나의 반석이시요 나의 구속자이신 여호와여 내 입의 말과 마음의 묵상이 주의 앞에 열납되기를 원하나이다"(시 19:14).

이곳에 이 땅 위에

민호기, 전영훈 사곡

주의 소망으로 우릴 이곳에 부르셔
하나님의 큰 꿈을 품게 하셨네

사랑으로 시작되고 겸손으로 이루며
섬김으로 열매 맺어 순종으로 주 따르리

광대하신 주님 거룩하신 주님
이곳에 이 땅 위에 주의 큰 뜻 이뤄주소서
광대하신 주님 거룩하신 주님
이곳에 이 땅 위에 주님의 나라 이뤄주소서

How Small We Are

How Amazing GOD Is

2006년 가을, 영국의 한인 청년들 모임인 KOSTU의 초청으로 2주간 런던에 머무르게 되었다. 미국이나 다른 나라들에 비해 규모는 작지만 그들의 열정과 헌신에 감동 받아 뭔가 의미 있는 선물을 하고 돌아가고 싶었다. 그 기간 중, 알파코스를 시작한 교회인 Holy

Trinity Brompton Church에서 열린, 그 유명한 팀 휴즈[Tim Hughes]가 인도하는 예배세미나에 참석하게 되었다. 스태프에게 뻔뻔하게도 내가 한국의 유명한 예배 인도자이며 한국을 대표해 그를 만나러 왔다고 했더니 그 스태프는 진짜로 그를 데리고 왔다. 잠깐이지만 대화도 나누고 서로의 책과 음반을 교환했다.

세미나 중 팀 휴즈의 강의에서 한 문장이 강렬하게 들어왔다. "How Small We Are, How Amazing God is." 우리는 얼마나 작은가. 하나님은 얼마나 놀라우신가.

윔블던에 있는 홈스테이 숙소로 돌아와 그 집에 있던 오래된 피아노에 앉아 이 곡을 만들었다. 그리고 이 노래는 KOSTU를 위한 작은 선물이 되었다.

개인적으로는 워십송을 지나치게 반복적으로 부르는 것을 좋아하지 않는다. 최면을 거는 것도 아니고, 무슨 신비주의 의식도 아니고, 그런 것을 대단한 영적인 예배인도로 여기는 이들을 비판하기도 했다. 그러나 이 곡의 브릿지[bridge] 부분 'How Small We Are, How Amazing God is'만큼은 반복하고 또 반복해도 끝없이 부를 수 있을 것 같다. 실제로 영국에서 돌아와 얼마 안 되어 열린 'The War'라는 대형집회에서 이 노래를 불렀는데, 장충체육관을 가득 채운 예배자들이 이 부분을 멈추지 않는 것이다. 이미 밴드도, 싱어도 연주를 멈추었는데, 회중들의 목소리만 멈추지 않고 계속 울려 퍼졌다. 나는 그 아름다운 광경을 잊을 수가 없다. 나는 마이크를 내려놓고 크고 광대하신 하나님 앞에 무릎을 꿇었다. 그 순간의 나는 더 이상 예배인도자가 아니었고 그저 그분의 작고 작은 종에 불과할 뿐이었다.

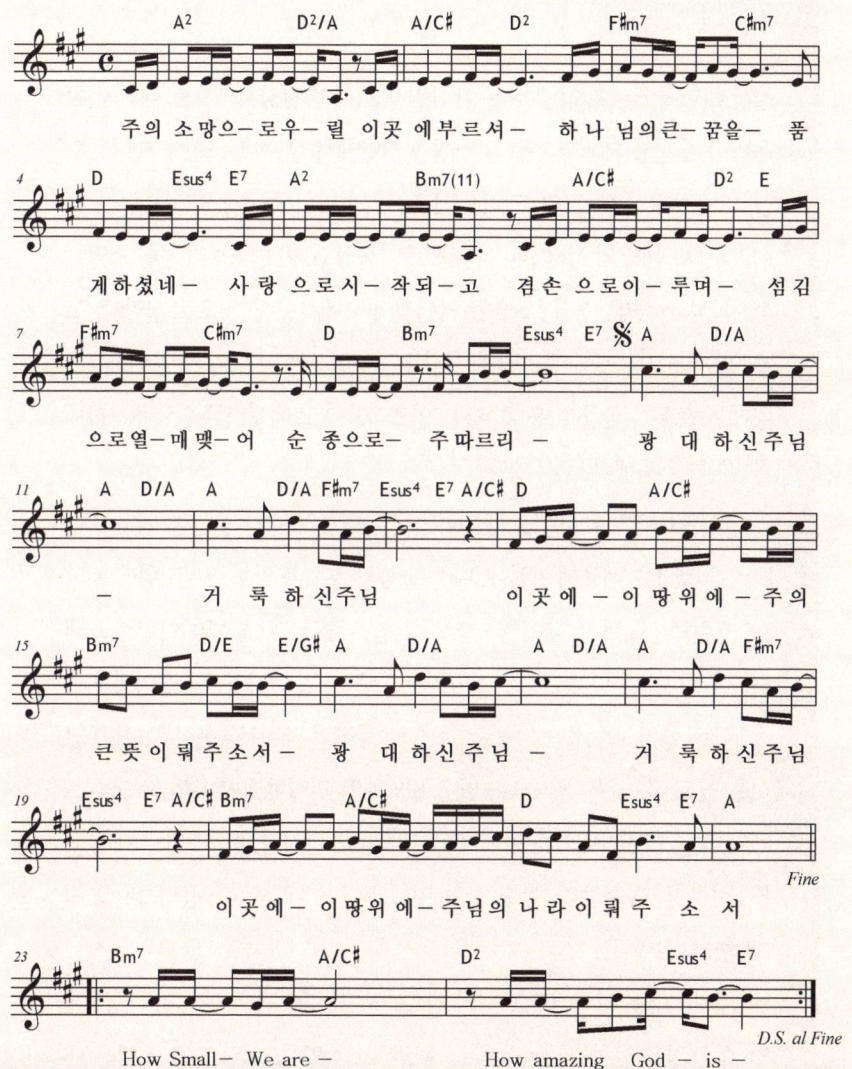

간주곡 Interlude 4
지방사역자로 살아가기, 살아남기

경상도 대구에서 태어난 나는 대학원을 다니며 찬양사역자로 데뷔해 활동하던 몇 년을 제외하고는 전 인생을 지방에서 살았다. 고향을 떠나고도 싶었고, 실제로 잠시 떠나있기도 했고, 본의 아니게 내가 입고 있는 이른바 '경상도 남자'의 정서에서 자유롭고도 싶었고, 이곳의 뿌리 깊은 저열한 정치의식과 지역감정과 그 숱한 역사적 과오에서 손을 씻고도 싶었다. 그뿐 아니라 모든 것이 수도권에만 집중된 기형적인 이 나라 '서울민국', 지방에선 도무지 꿈을 이룰 수 있는 인프라도 시스템도 전무한 상황 자체를 원망스러워했다.

당시 CCM 가수 데뷔를 준비하던 스물다섯의 내가 음반을 내기 위한 유일한 선택은 '서울행'이었다. 나는 슬픔과 분노를 억누르며 고향을 떠났다. 그리고 서울에서 어느 정도 자리를 잡아갔다. "하늘소망"이라는 노래가 이른바 대박이 나며 듀엣 '소망의 바다'도 제법 인기대열에 들어서던 즈음, 나는 돌연 귀향을 선언했다. 소속사 사장과 매니저들은 펄쩍 뛰며 난리를 쳤고, 속 깊은 동역자는 말은 없었지만 간절하게 만류의 눈빛을 보냈다. 신혼이던 아내와 고향에 계신 부모님도 한창 승승장구하던 때의 귀향을 이해하지 못했다. 주변 사람 어느 누구도 내 선택을 동의하지도 지지하지도 않았다.

그러나 평소 지론대로 선택의 기로에서 갈등될 땐 주저 없이 그 중 제일 좁은 길을 선택한다는 원칙에 충실하고 싶었다. 그리고 그 선택은 내 인생 최고의 선택 중 하나라 믿어 의심치 않는다. 나는 떠날 때처럼 훌쩍 다시 돌아왔다. 그러나 그 잘난 선택의 대가는 톡톡히 치러야 했다. 녹음이나 사역이 있을 때마다 왕복 8시간 이상 걸리는 기차를 주 2, 3회씩 타야만 했고, KTX가 생기고 나서는 시간이 줄었지만 교통비용은 늘어났다.

이런 물리적인 불편함보다 더 불편했던 건 내 이름 뒤에는 늘 '지방 사역자'라는 꼬리표가 따라 붙었다는 점이다. 이는 당시의 내가 가장 떼어 버리고픈 이름이었다. '지방=2류(혹은 3류)'라는 공식은 모든 면에서 유효했다. 학교도, 직장도, 문화도, 예술도, 심지어 교회조차도. 가령 서울에서 만든 음반의 완성도가 떨어지면 "별로다"라고 하고, 지방에서 만든 음반이 안 좋으면 "역시 별로다"라고 한다. 내 인생의 목표는 '별로다'를 떼어 놓는 것에서 '역시'까지 떼어내는 것으로 상향 조정되었다.

내가 고향을 떠나 서울에 올라가야 했던 시절은 나와 같은 꿈을 꾸는 사람이 지방에서 할 수 있는 게 거의 없었다. 녹음실도 하나 없었고, 전문 연주자도 없었고, 음반을 어떻게 만들어야 하는지 말해 줄 사람 또한 아무도 없었다. 그 땐 서울로 가는 것 외엔 사실 다른 선택의 여지가 없었다. 그래서 나는 결심했었다. 꼭 다시 돌아와 그 시절의 내가 꾸던 꿈을 이곳에서도 현실화할 수 있게 하겠노라고. 그리고 고향으로 내려온 지 10년이 채 안 된 지금, 그 일이 가능해졌다.

지금도 더 큰 일을 하려면 서울로 와야 한다는 지인들이 있다. 그들이 말하는 '더 큰 일'이 뭔지는 잘 모르겠지만 나는 조용히 웃고 만다. 간혹 서울에서 유명한 목사님들이 내려와 집회를 하면서 외친다. 성경 속의 큰 인물들은 다 지방 출신이었다느니, 예수님도 나사렛에서 무슨 선한 것이

Interlude 간주곡

나겠느냐는 소리 들으셨다느니, 우리나라 대통령 중에 서울 출신이 어디 있느냐, 나도 지방 출신이다 어쩌구저쩌구. 그러면서 본인은 서울을 떠나지 않는다. 고향으로 돌아오지도 않는다. 그들의 설교는 하나도 힘이 되지 않았다. 대신 일본의 시인이자 구도자이자 농부였던 야마오 산세이의 「여기에 사는 즐거움」도솔을 읽다가 눈이 번쩍 뜨였다. "지구 크기로 생각하며, 지역에서 행동한다."Think Globally, Act Locally 지방에서 살아도 우주를 생각하는 사람이 있고, 서울에서 살아도 자신의 발밑만 보는 사람이 있을 것이다. 서울조차도 강남과 강북으로 나누며 사는 걸 보면 실제로 그럴 가능성이 훨씬 더 크다고 믿지만, 나는 그냥 우리 동네에서 행동하며 우주 크기로 생각하련다.

얼마 전까지만 해도, 지방에 거주하며 그 지방을 대표하는 음악사역자나 팀이 별로 없다는 걸 개탄했었다. 부산을, 대전을, 광주를, 전주를, 강릉을, 제주를 대표하는 사역자나 그곳에서 활발히 사역하는 찬양팀을 들어본 적이 있는가? 그래도 대구는 나와 우리 팀이 있다는 것이 그나마 안도감을 주었다. 나와 찬미워십은 대구를 대표하는 사역자가 아니라, 서울을 제외한 모든 지방사역자를 대표한다는 근거 없는 책임감을 스스로에게 부여하기도 했었다. 그러나 그런 알량한 자존심마저도 지구의 크기 앞에선 대략 우스워진다. 나 혼자 고군분투한다 생각했는데, 잘 들여다보니 지방 곳곳에서 주의 나라와 의를 위해 헌신한 귀한 동역자를 많이 만날 수 있었고, 그들 역시 나와 같은 고민과 같은 꿈을 품고 열심히 달려가고 있었다.

지금 나는 지방인의 피해의식을 소심하게 따지려 들지 않겠다. 이제 더 이상 성공하면 돌아오겠다던 이들의 약속도 잘 믿진 않지만, 꿈을 위해 서울로 떠나는 이들을 원망하지도 않으려 한다. 함께 지방을 지키자 다짐하다 끝내 서울로 올라가버린 동역자들을 적으로 돌려 세우거나 배신자의 낙인을 찍지도 않겠다. 다만 나는 기도한다. 할 수만 있다면 평생 지방을 지키며 살 수 있기를. 그래서 내 삶과 사역이 지방 출신자들에게 또 다른 가능성을 보여주고 길을 내어줄 수 있기를 말이다. 그러다 보면 또 누군가가 이곳에서으로부터 길러지고, 또 누군가는 돌아오기를.

나는 이곳, '지방'에서 '열방'을 가슴에 품어본다. 우직하게 20여 년 동안 대구를 지킨 우리 팀의 구호처럼 말이다. 지방에서 열방으로, 찬미워십!!!

TRACK 13

나를 보내소서

예수 그리스도를 내 삶의 주인으로 모시고, 그분께 평생을 드리기로 결단한 스무 살 무렵, 모든 공적인 예배는 물론 새벽기도까지 빠지지 않던 뜨겁던 시절, 주님을 위해서라면 뭐라도 할 수 있을 것 같던 내게 시련이 찾아왔다. 지역에서 꽤 유명한 작곡가의 발표회에 메인 가수로 발탁되어 잔뜩 고무된 나에게 3곡이 맡겨졌는데, 그 중 한 곡이 놀랍게도 그 공연의 주제곡이었다. 그러나 문제는 바로 그 주제곡의 가사가 매우 부담스러웠다는 것이다. 다른 곡들은 아무 문제가 없었다. "아침에 눈을 뜨면 주님을 생각해요~" 얼마나 아름답고 상큼한가. 그러나 문제의 주제가는 제목마저도 살벌했다. "보내소서."

> 나의 하나님 온 열방들이 목말라 갈급함을 나 듣게 하소서
> 저들의 부르짖는 소리를 외면치 않게 하시고
> 주님의 복음을 들고 담대히 증거하게 하소서

218

보내소서 나를 온 열방 가운데

보내소서 나를 저 민족 가운데

나로 주님의 생명 주님의 능력 전파하게 하소서

꿈에 나올까 무서운 가사 아닌가. 게다가 모든 주어가 1인칭인 '나'다. 다른 누구도 아닌, 내가 하고, 내가 가야 한다는 이야기 아닌가. 내가 주님을 위해 살겠다고 한 건 어디까지나 이 나라 안에서다. 그리고 적당히 나를 위해 살면서도 주님을 위해 남부끄럽지 않을 정도로 헌신하겠다는 의미였다. 주님께는 좀 죄송하지만 애초에 나의 계약조건은 딱 요 정도였다. 그런 의미에서 스캇 웨슬리 브라운^{Scott Wesley Brown}의 솔직한 고백이 내 마음을 대변한다.

Please Don't Send Me to Africa

O Lord I'm your willing servant

You know that I have been for years

I'm here in this pew every Sunday and Wednesday

I've stained it with many a tear

I've given you years of my service

I've always given my best

And I've never asked you for anything much

So Lord I deserve this request

Please don't send me to Africa

I don't think I've got what it takes

I'm just a man, I'm not a tarzan

Don't like lions, or gorillas, or snakes

I'll serve you here in suburbia

In my comfortable middle class life

But please don't send me out in the bush

Where the natives are restless at night

I'll see that the money is gathered

I'll see that the money is sent

I'll wash and stack the communion cups

I'll tithe 11 percent

I'll volunteer for the nursery

I'll go on the youth retreat

I'll usher, I'll deacon, I'll go door to door

Just let me keep warming this seat

주님 저는 당신의 신실한 종입니다.

지난 수년간 매 주일예배와 수요예배까지 충실히 섬겨온 것을 주님은 아십니다.

저는 항상 최선을 다했고 결코 과한 것을 당신께 구하지도 않았습니다.

그러니 주님 이것만큼은 들어주세요.

저를 제발 아프리카로 보내지 말아주세요.
그 일은 제가 할 수 있는 게 아닌 것 같습니다.
저는 그저 평범한 사람이지 타잔이 아닙니다.
사자도, 고릴라나 뱀도 싫어합니다.
저는 이곳에서 안락한 중산층의 삶을 누리며 주님을 섬길께요.
저를 원주민들이 있는 정글로 보내지 말아주세요.

헌금도, 선교후원금도 열심히 낼께요.
성찬기구도 잘 닦고, 십일조도 더 열심히 할께요. (소득의 11퍼센트를 바칠 게요.)
환우도 잘 돌보고, 청소년 수련회도 따라가 섬길게요.
집집마다 찾아다니며 전도할게요.
저를 제발 여기 있게 해주세요.

실제로 그는 선교사역에 헌신한 음악사역자이고, 역설적인 이 노래로 해외선교에 무관심한 우리를 부끄럽게 하지만, 나는 정말로 자신이 없었다. 그래도 어떻게든 맡겨진 노래를 소화하려 선교와 관련된 책도 읽고 기도도 하고 나름대로 몸부림을 쳤으나 그 노래가 전하고자 하는 메시지는 여전히 나와는 무관했다. 그래서 겨우 주님께 내놓은 내 절충안은 고작 이런 정도였다. "주님 저를 웬만하면 해외 선교사로 보내지는 말아주세요. 혹시 보내서야 한다면 오지는 피해 주세요. 이곳에서 최선을 다해 주님을 섬기겠습니다. 예?"

그럼에도 "땅 끝까지 이르러 증인이 되어달라"는 주인의 명을 외면한 듯한 마음 한 편의 불편함은 해갈되지 않았고, 그렇게 몇 년을 선교사들께 괜한 마음의 빚 같은 것을 지고 살았던 것 같다.

그러던 어느 해의 일이다. 사역을 마치고 돌아오던 중 교통사고로 세상을 떠난 '드림 선교단'의 이기선 전도사님을 추모하는 자리에서 이무하 선배님이 고형원 선교사님의 "땅 끝에서"를 부르셨다.

주께서 주신 동산에 땀 흘리며 씨를 뿌리며
내 모든 삶을 드리리 날 사랑하시는 내 주님께
비바람 앞을 가리고 내 육체는 쇠잔해져도
내 모든 삶을 드리리 내 사모하는 내 주님께
땅 끝에서 주님을 맞으리 주께 드릴 열매 가득안고
땅 끝에서 주님을 뵈오리 주께 드릴 노래 가득 안고
땅의 모든 끝 찬양하라 주님 오실 길 예비하라
땅의 모든 끝에서 주님을 찬양하라
영광의 주님 곧 오시리라

노래를 마친 후, 나와 당신의 땅 끝은 어디인가를 물으셨을 때, 당시의 나는 대답할 말을 찾지 못했다. 어딘가로 떠나야만 땅 끝을 만날 수 있다고만 여겼던 시기다. 이무하 선배는 말을 이으셨다. 사고현장, 바로 그곳, 그 시간이 기선 형제의 땅 끝이었다고. 우리가 서 있는 바로 이곳이 우리의 '땅 끝'이라고.

나는 하나님께서 우리를 자신이 살고 있는 땅으로 보내신 분명한 부르심의 이유가 있다는 것을 깨달았다. 그곳이 대도시건, 시골이건, 조국이건, 외국이건, 혹은 정말로 땅 끝이건 말이다. 지금의 나는 바로 내가 선 바로 이곳 '대구 땅'이야말로 나의 땅 끝이라고 대답할 수 있을 것 같다. 그리고 일평생 나의 땅 끝, 내가 파송 받은 '선교지' 대구에서 내 주님을 섬기고 뵙기를 원한다. 여전히 나는 선교사님들이 존경스럽다. 그들은 분명 나와 격이 다른 영적인 유전자를 가진 특별한 존재라 믿어 의심치 않는다. 다만 나는 나의 땅 끝에서 그분을 전하는 것을 더 이상 부끄러워하지 않게 되었다. 그렇게 살다 어느 한 날 주인께서 다른 곳으로 가라 명하시면 지금보다 조금 더 성숙해진 나는 "예, 주님. 제가 여기 있습니다. 나를 보내소서"하며 자리를 털고 일어날 수 있지 않을까 하는 대책 없는 믿음과 함께 말이다.

2004년 김선일 씨의 안타까운 죽음과 아프간 피랍사건 등으로 이후 우리는 선교에 대해 강조할 수도, 안 할 수도 없는 어려운 시기를 보내고 있다. 복음을 향한 그들의 순전한 열심과 인생을 던진 헌신이 퇴색되는 듯해 가슴이 아프다. 타 문화권에 대한 선교사역은 순수한 구령의 열정인가 독선적 문화침탈인가, 그들의 죽음은 영광스러운 순교인가 아까운 젊은 목숨의 낭비인가 뜨거운 논쟁이 이어졌다. 물론 하나님은 그들의 죽음을 결코 헛된 것으로 여기지 않으시리라 믿는다. 그들의 피는 순교의 제단에 뿌려진 한 알의 밀알이 되어 싹을 틔우고 꽃으로 피어나고 열매로 익어갈 것이다. 다만 선교를 대하는 현대교회의 태도는 고민해 보아야 한다.

  1세기의 선교는 '토끼가 사자에게 전도하기'였으나, 21세기의 선교는 '사자가 토끼에게 전도하기'로 바뀐 것 같다. 초대교회 당시의 전도자는 말 그대로 생명의 위협 속에서 담대히 복음을 선포했다. 당시의 기독교는 유대인과 로마인 모두에게 혐오의 대상이자 박해의 대상이었다. 현재 우리가 전도에서 만나는 가장 큰 두려움은 '약간의 쪽팔림'이지만, 초대교인들의 두려움은 '죽음' 그 자체였다. 과장도, 은유적 표현도 아닌 '진짜 죽음' 말이다. 사실 현재의 타 종교권 선교에서 느끼는 위협도 정확하게는 그들의 공격성이라기보다 자신들의 신앙과 공동체를 지키려는 방어적 위협에 가깝다. 냉정하게 생각해 보면 역사 속에서 기독교와 세상의 힘의 시소 중에서 기독교가 약자였던 기간은 의외로 얼마 되지 않으며, 대체로 기독교는 기득권을 굳건히 유지하며 오히려 세력을 확장하는 수단으로 선교를 앞세우기도 했다. 근대에 이르기까지 기독교의 선교정책은 어느 정도 고압적인 형태로 수행되기도 했고, 타 문화에 대한 이해와 수용이 거의 전무한 상태에서 교회의 전통과 의식 등을 지나치게 절대화하는 경향이 있었으며, 특히 '제국주의적 식민정책'의 첨병으로 선교가 동원되는 인상을 지울 수가 없다. 현지 문화의 말살과 파괴를 '개화'나 '근대화'로 여기며 궁극적으로는 비기독교 문화 자체를 '악'으로 규정하는 우를 '복음화'로 착각하기도 한다. 이런 상황에서 현지 지도자나 민족주의자, 혹은 종교근본주

의자들에게 기독교의 전파는 그 자체로 심각한 위협이자 자문화를 변질시키는 위험요소다. 전 세계적으로 기독교 국가들이 부와 힘을 얻게 되었고(이것이 과연 순수한 하나님의 축복인가에 대한 논의는 여기서 생략하기로 하자) 타 종교는 상대적 낙후성으로 점점 입지가 좁아졌다. 기독교는 어느새 무서울 게 없는 존재가 되었고, 타 종교나 문화가 오히려 기독교를 두려워하게 되었다. 그러나 이것이 진심에서 우러난 경외가 아니라 위협에의 두려움이라면 곤란하다.

할리우드 애니메이션 〈니모를 찾아서〉에서 아들을 찾아 바다를 건너던 말린이 상어 떼를 만난다. 그런데 그들은 더 이상 물고기를 잡아먹지 않기로 결심한 착한 상어들의 모임이었다. 그들은 작은 물고기인 말린과 도리에게 친구로 지내자며 다가왔지만 물고기들은 두려움에 떨었고, 아니나 다를까 사소한 사고로 피 냄새를 맡자 그들은 맹수로 돌변한다. 그 장면은 두고두고 내 마음에 남아 있다. 마치 복음을 전하려는 우리의 어두운 자화상을 닮지 않았나 하는 두려움과 반성이 일었다. 사자의 진심을 100퍼센트 확신하기 전까지 토끼는 결코 사자를 믿을 수 없다. 그래서 토끼는 사자가 아주 작은 본능만 살짝 보여도 실망하며 혹은 무서워하며 도망쳐버린다. 사자는 정말 진심이지만 토끼는 불안하다. 언제 부드러운 모습을 버리고 포악한 맹수로 돌변해 자신을 파괴하고 약탈해 버릴지 확신이 없다. 혹은 힘센 사자의 작은 실수나 과한 표현에도 토끼는 다친다. 선교, 특히 타문화권 선교가 어려운 이유가 바로 이것이다. 철저한 준비가 필요한 이유도 이 때문이다. 외유성 단기선교여행을 지켜보는 위태로움도 같은 이유다. 그들의 역사와 문화와 정서와 삶에 대한 온전한 이해 없이, 단순한 동정심이나 구령의 열정은 한순간 폭력으로 변질되기 쉽다.

훌륭한 사람이 되어, 높은 자리에 올라, 유명해지고 난 뒤, 부를 많이 가진 후에 하나님의 영광을 드러내고 다른 사람을 섬기라는 이른바 '고지론'이 합리적으로 보이는 한편, 얼마나 위험하고도 교만한 생각인지를 지적하지 않을 수 없다. 내가 성공한 위치에 있지 않거나, 많이 가지지 못했다면 전도할 수 없는가. 예수를 열심히 믿고 따르는데도 여전히 가난하고 초라한 자리에 있다면 자랑스럽게 당신도 예수를 믿고 구원을 얻으라고 말할 수 없는 것인가. 우리는 이미 멋지고 광채 나는 사자가 되어 불쌍한 토끼를 만나러 갈 생각으로 가득한 것 같다. 나와 여러분은 사자인가 토끼인가. 우월감의 키를 낮추고, 저열한 본능을 버리고, 진심으로 착해진 사자가 되어 토끼와 어린 양과 다 함께 뛰놀 수 있기를 바란다.

"그때에 이리가 어린 양과 함께 거하며 표범이 어린 염소와 함께 누우며 송아지와 어린 사자와 살찐 짐승이 함께 있어 어린아이에게 끌리며 암소와 곰이 함께 먹으며 그것들의 새끼가 함께 엎드리며 사자가 소처럼 풀을 먹을 것이며 젖먹는 아이가 독사의 구멍에서 장난하며 젖 뗀 어린아이가 독사의 굴에 손을 넣을 것이라 나의 거룩한 산 모든 곳에서 해됨도 없고 상함도 없을 것이니 이는 물이 바다를 덮음같이 여호와를 아는 지식이 세상에 충만할 것임이니라"(사 11:6-9).

나를 보내소서

민호기 사곡

주님 나를 보내사
저 소망 없는 곳에 생명이 되게 하소서

주님의 눈으로 보고 주의 입으로 말하고
주의 심장으로 숨 쉬는 주의 거룩한 종이 되리니
순결한 종이 되리니

나를 보내소서 가난한 자들에게
나를 보내소서 억눌린 영혼에게
무너진 맘 다시 새롭게 하옵소서
나를 보내소서

레슬리 뉴비긴은 성도와 성경을 '번역'이라는 용어로 설명했다. 하나님의 말씀은 성경으로 번역되었으나 동시에 성도의 삶으로도 번역된다. 번역가 윤희기 선생에 따르면 "번역은 반역半譯"이란다. 아무리 노력해도 원래 의미의 반 밖에는 옮길 수 없다는 의미겠으나, 또 한편 번역은 '반역反逆'이다. 전혀 엉뚱한 얘기를 해버릴 수 있는 위험성 말이다. 세상의 10퍼센트는 성경을 보고, 세상의 90퍼센트는 그리스도인을 본다. 그들은 성경보다 번역된 우리를 보고 예수에 대해 알 가능성이 훨씬 크다는 말은 그만큼 우리 때문에 예수 그리스도가, 그분의 복음이, 그분의 뜻과 가르침이, 그분의 신부된 교회가 왜곡되거나 훼손될 가능성도 크다는 뜻이다. 그러나 마치 외국어를 통역할 때 더듬거리며 완벽한 발음과 문법을 구사하지 않아도 그럭저럭 대충 알아듣듯이 하나님은 불완전한 우리를 그분의 통로로, 그분을 보는 안경과 창문으로, 그의 뜻을 전하는 편지로 사용하신다. 나는 하나님의 살아 있는 진리의 말씀을 다루는 목사로서 때로는 말로, 때로는 노래로, 때로는 글로, 그리고 내 삶으로 그분의 말씀을 번역한다.

나를 통해 번역된 그분의 말씀은 오역투성이일 것 같아 늘 두렵다. 놀랍고도 놀라운 것은 하나님은 그런 오해와 오역의 위험성을 기꺼이 감수하면서까지 나를 그분의 말씀을 전하는 도구로 삼으셨다.

성 프란시스는 말했다. "항상 설교하라, 그리고 혹 필요하다면 말을 써라." *Preach Always, If Necessary Use Word* 삶으로 하는 설교, 삶으로 하는 전도는 그 어떤 것보다 힘이 있다. 우리는 비록 불완전하지만 그분의 복음을 전할 수 있다. 그것도 충분히.

척추에 결핵균이 침투하여 척추가 썩어 들어가는 고통스러운 병중에서 미우라 아야꼬는 "나를 고쳐주옵소서"라고 기도하지 않았다. 대신 "나를 써주옵소서"라고 기도했다. 우리가 하나님께 기도해야 하는 것은 "나를 주님의 일꾼으로 준비시켜주옵소서"가 아니

다. 이제 우리는 "나를 보내소서"라고 기도해야 한다. 이 노래를 부르며 더 이상 나는 아프리카 오지의 어느 오두막만을 떠올리지 않게 되었다.

예배 선교학$^{\text{Worship Evangelism}}$의 오래된, 그러나 강력한 표어를 떠올려본다. "그곳에 예배가 없으므로 선교한다." 기억하라. 예배가 없는 곳이라면 어디든 나와 당신의 선교지다. 그곳에 예배가 있게 하라.

나를 보내소서

민호기 사/곡

Track 14

작은 예배자

고든 맥도날드의 책 「영적 성장의 길」 두란노에 실린 이야기이다.

영국의 명문 대학을 졸업한 청년이 간디가 이끄는 공동체에 와서 살게 되었다. 공동체에서 그에게 맡겨진 일은 화장실 청소였다. 며칠을 못 버티고 청년은 간디에게 항의했다.
"제가 누군지 아십니까? 저는 큰일을 할 수 있는 사람이라구요."
간디는 조용히 대답했다.
"당신이 큰일을 할 수 있다는 건 잘 알고 있습니다. 다만 내가 모르는 건 당신이 작은 일도 잘 할 수 있는가 하는 것입니다."

수천 명 앞에서 찬양인도를 하는 것은 누구라도 하고 싶은 일이다. 수만 명이 모이는 교회를 목회하는 것도 마찬가지다. 우리는 누구나 큰일을 할 수 있는 사람들이다. 나는 당신들의 잠재 능력을 믿는다. 그러나 소수의 사람이 모이는 곳에서 그 작아 보이는 일을 성

실히 섬기는 것은 아무나 할 수 없다. 주님께서 찾으시는 사람은 큰일을 하려고 늘어선 사람들 대부분이 아니라 아무도 가려하지 않는 곳에서, 누구도 하려 하지 않는 일을 하겠노라 자신을 내어드리는 작은 사람들이다. 주님께서 진심으로 궁금하신 것은 내가 큰일을 얼마나 잘 하느냐가 아니라 작은 일에도 끝까지 충성할 수 있느냐다. 지금 작은 일에 충성하면 후에 큰일을 맡겨주시겠다는 약속이 아니라, 혹 평생 작은 일만 맡기더라도 기꺼이 인생을 걸 수 있는 그런 사람인가를 물으시는 것이다.

나를 '주의 종'으로 바치겠다는 부모님의 서원으로 나는 어릴 때부터 목사가 되기 위한 훈련을 받으며 자라왔다. 사실 부모님이나 나 '주의 종'이라는 말을 앞세우면서도 늘 그 앞에 이런 수식어를 꿈꿨던 것 같다. '크게 쓰임 받는' 주의 종, '귀하게 높임 받는' 주의 종, '유명하고 영향력 있는' 주의 종, '큰 교회를 이끄는' 주의 종 말이다. 드디어 목사 안수를 앞둔 어느 날, 나의 주인은 내게 이 노래를 주시며 종의 삶을 다시 생각하게 하셨다.

종이 되겠습니다

민호기 사곡

나는 남들에게 칭찬 듣기 좋아하고
나는 남들보다 높은 곳에 서길 원하네
나는 남들에게 인정받기 좋아하고

나는 그들보다 좋은 곳에 있길 원하네

그러나 주님 허리에 수건을 두르사 발을 씻기시고
십자가에 물과 피 흘리사 종이 되셨으니 나도

종이 되어 섬기기를 원합니다 겸손하신 주님 닮아
모든 이의 종이 되어 누군가의 종이 되어 주님처럼

난 주님의 종이 되어

- 소망의 바다 3집 〈성숙〉(2004)

우리의 관심은 대부분 큰일, 중요한 일, 멋진 일, 빛나는 일, 명예로운 일에 있다. 그러나 생각해 보라. 종이 하는 대부분의 일은 작은 일, 하찮은 일, 허드렛일, 귀찮은 일, 더러운 일, 소소한 일, 초라한 일이다. 종이란 본디 작고 하찮고 초라한 존재이기 때문이다.

예수님 당시에는 많은 종들이 있었다. 종에도 계급이 있어 그에 따라 일이 맡겨지기 마련이다. 집 지키는 종, 집안일 하는 종, 심부름하는 종, 밭일 하는 종, 시중 드는 종 등. 그 중 가장 하급의 종은 단연 '발 씻기는 종'이었다. 잘 알다시피 먼지가 많이 나는 건조한 기후에, 샌들을 신고 다니던 당시 사람들이 외출하고 돌아왔을 때 가장 더러워진 곳은 바로 '발'이다. 발 씻기는 종에게는 특별한 표식이

234

있었다 한다. 바로 '허리에 수건을 두르고 다니는 것'이다.

> "저녁 잡수시던 자리에서 일어나 겉옷을 벗고 수건을 가져다가 허리에 두르시고 이에 대야에 물을 담아 제자들의 발을 씻기시고 그 두르신 수건으로 씻기기를 시작하여"(요 13:4, 5).

예수께서 허리에 수건을 두르신 것은 제자들의 발을 씻기시고 닦아주기 위함뿐 아니라, 스스로 '나는 당신의 종입니다'라고 선언한 것이다. 주님의 일을 한다는 것은 주님처럼 종이 되는 것이다. 내 생각과 방법, 내 뜻과 목소리, 내 고집과 자존심을 수건에 고이 싸서 허리에 두른 후, 누군가 앞에 무릎을 꿇는 것이다. 내가 좋아하는 사람 앞에 무릎을 꿇고 그의 종이 되어 발을 씻어주는 것은 쉬운 일이다. 그러나 나를 가장 힘들게 하는 이 앞에 허리에 수건을 두르고 무릎을 꿇는 것은 죽을 만큼 힘든 일이다. 그러나 우리는 '누군가'의 종이 될 뿐 아니라, '모든 이'의 종이 되어야 한다. 바로 주님처럼.

> "명한대로 하였다고 종에게 사례하겠느냐 이와 같이 너희도 명령 받은 것을 다 행한 후에 이르기를 우리는 무익한 종이라 우리의 하여야 할 일을 한것 뿐이라 할찌니라"(눅 17:9, 10).

예수 그리스도, 그분은 크고도 작으신 분, 모든 것을 가지셨지만 가장 가난하신 분, 가장 지혜로우시지만 사랑에 관한 한 가장 어리석은 분이다. 예수님이 자신을 소개하신 스스로의 성품은 '온유'와 '겸손'이다.

> "수고하고 무거운 짐 진 자들아 다 내게로 오라 내가 너희를 쉬게 하리라 나는 마음이 온유하고 겸손하니 나의 멍에를 메고 내게 배우라 그리하면 너희 마음이 쉼을 얻으리니 이는 내 멍에는 쉽고 내 짐은 가벼움이라"(마 11:28-30).

내가 주님께 가장 닮고 싶은 성품 또한 온유와 겸손이다. 아쉽게도 우리가 읽는 대부분의 성경 속 예수님은 반말을 주로 사용하신다. 그래서 예수님의 본래 마음과 모습이 제대로 그려지지 않는 것 같은 안타까움을 느낀다. 가끔 내가 '한국천주교회 창립 200주년 기념성서'를 꺼내 읽는 이유도 한국에 번역된 성경 중 유일하게 예수님의 말씀을 경어체로 담아내기 때문이다. 같은 본문을 다른 어감으로 느껴보라. 전혀 다른 사람 같지 않은가.

> "수고하며 짐 진 여러분은 모두 나에게로 오시오. 내가 여러분을 쉬게 하겠습니다. 나는 온유하고 마음이 겸손하니 내 멍에를 메고 나에게 배우시오. 여러분의 영혼이 안식을 얻을 것입니다. 내 멍에는 편하고 내 짐은 가볍습니다."

우리는 종종 베드로를 오해한다. 베드로 하면 떠올리는 이미지는 '나서기 좋아하는 다혈질의 무식한 어부'다. 그러나 놀랍게도 신약성서에서 겸손을 가장 많이 언급한 사역자는 다름 아닌 베드로

다. 실제로는 바울이 두 번 더 많긴 하지만 저작 권수에서 비교가 안 된다. 바울은 13권, 베드로는 단 2권이다. 복음서에 기록된 젊은 날의 베드로와 그가 쓴 편지에서의 연로한 베드로는 전혀 딴 사람인 것 같다. 자신 앞에서 허리에 수건을 두르고 무릎을 꿇고 발을 씻기는 주인을 보고 변한 베드로의 말에 귀기울여보라. 강력한 카리스마를 내뿜는 선동적 언어를 찾아보기 힘든 반면, '온유', '겸손', '순복' 같은 단어가 가득하다.

"젊은 자들아 이와 같이 장로들에게 순복하고 다 서로 겸손으로 허리를 동이라 하나님이 교만한 자를 대적하시되 겸손한 자들에게는 은혜를 주시느니라 그러므로 하나님의 능하신 손 아래서 겸손하라 때가 되면 너희를 높이시리라"(벧전 5:5, 6).

그처럼 지금의 우리와 먼 훗날의 우리가 전혀 다른 사람이 되어 있기를 기도한다.

사도 바울의 말을 기억하는가. 성경에서 내가 가장 사랑하는 구절이다.

"나의 간절한 기대와 소망을 따라 아무 일에든지 부끄럽지 아니하고 오직 전과 같이 이제도 온전히 담대하여 살든지 죽든지 내 몸에서 그리스도가 존귀히 되게 하려 하나니 이는 내게 사는 것이 그리스도니 죽는 것도 유익함이니라"(빌

1:20, 21).

나는 바울이 세계를 가슴에 품은 야망가이자, 원대한 비전을 가진 사람이었을 거라고 오해했다. 그러나 그가 평생 동안 이루어낸 수많은 업적과 성과를 생각한다면 그의 고백은 몹시도 소박하다. 그의 간절한 '기대와 소망'은 유명해지는 것도, 돈을 많이 버는 것도, 많은 교회를 개척하는 것도, 그 교회들이 크게 부흥하는 것도, 훌륭한 저작을 많이 남기고 자신만의 신학사상을 공고히 하는 것도 아니었다. 단지 하나님과 사람 앞에서 부끄러움이 없는 삶, 사나 죽으나 자신을 통해 주님만 빛나시게 하는 것이었다.

어거스틴은 그리스도인에게 필요한 3가지 덕목을 꼽았다. 첫째 겸손, 둘째 겸손, 셋째 겸손이다. 앤드류 머레이는 말한다. 겸손이야말로 기독교 최고의, 최귀의 도덕이며, 기독교는 사랑의 종교라고 말하지만 그 사랑은 겸손을 뿌리로 하고 피어난 꽃일 뿐이다. 그의 명저 「겸손」 좋은씨앗의 서문에는 이렇게 적혀 있다.

> 주 예수여, 우리의 거룩은 완전한 겸손이 되게 하시고, 당신의 완전한 겸손이 우리의 거룩이 되게 하소서.

췌장과 신장의 문제, 심각한 당뇨, 하루에 35알의 약을 삼켜야 하는, 평생 육신의 연약함과 싸워야 했던 마르바 던도 그리스도인의 작음, 약함, 무능력은 하나님이 거하시는 성전이 된다고 고백한다.

찬양의 반대말이 무엇인지 아는가? 바로 '교만'이다. 이 말을 처음 들었을 때 나는 충격에 휩싸였다. 하나님을 찬양하는 일을 한다는 내가 어쩌면 찬양과 가장 먼 존재로 전락할 수 있다는 위험성은 루시퍼의 타락을 연상시키기까지 한다. 사역자가 가장 걸리기 쉬운 병이 '나귀병'이란다. 예수님을 태우고 예루살렘을 입성하던 나귀가 사람들이 종려나무를 흔들며 호산나를 외치자 자기 보고 그러는 줄 알고 좋아한다면 얼마나 우스운 일인가. 이것이 착각의 차원쯤에서 그치지 않고 스스로 그 영광을 가로채려 한다면 이것은 얼마나 무서운 일인가. 우리는 때로 '자신감'과 '교만'의 경계를, '열등감'과 '겸손'의 차이를 혼동하기도 한다. 만화가 허영만 화백의 책상에 붙여 놓은 글귀가 잊혀지지 않는다. "나보다 못한 사람은 없다." 이와 비슷한 말씀을 성경에서 찾아본다.

"아무 일에든지 다툼이나 허영으로 하지 말고 오직 겸손한 마음으로 각각 자기보다 남을 낫게 여기고 각각 자기 일을 돌볼 뿐더러 또한 각각 다른 사람들의 일을 돌보아 나의 기쁨을 충만하게 하라"(빌 2:3, 4)

사도 바울은 이어서 성육신한 그리스도의 마음, 케노시스^{자기를 비우심}의 신비를 찬양한다. 신약성경을 대표하는 찬송시의 주제는 다름 아닌 '겸손'이다.

"너희 안에 이 마음을 품으라 곧 그리스도 예수의 마음이니 그는 근본 하나님의 본체시나 하나님과 동등됨을 취할 것으로 여기지 아니하시고 오히려 자기를 비워 종의 형체를 가지사 사람들과 같이 되셨고 사람의 모양으로 나타나사 자기를 낮추시고 죽기까지 복종하셨으니 곧 십자가에 죽으심이라 이러므로 하나님이 그를 지극히 높여 모든 이름 위에 뛰어난 이름을 주사 하늘에 있는 자들과 땅에 있는 자들과 땅 아래에 있는 자들로 모든 무릎을 예수의 이름에 꿇게 하시고 모든 입으로 예수 그리스도를 주라 시인하여 하나님 아버지께 영광을 돌리게 하셨느니라"(빌 2:5-11).

음악사역을 하는 사람이라면, 게다가 찬송을 만드는 사람이라면 누구나 꿈꾸는 것이겠으나, 내 꿈도 내가 만든 노래가 찬송가에 실려 길이 남는 것이다. 아래 기록은 왕이 된 다윗이 찬양대를 세우는 장면이고 당대 최고의 찬양사역자들의 이름과 그룹이 호명되고 있다. 찬송가에 실리는 것도 대단한데 성경에 이름이 기록되는 것은 얼마나 더 위대한 일인가. 그 숨은 이름들을 찾아내어 불러본다.

"저희와 모든 형제 곧 여호와 찬송하기를 배워 익숙한 자의 수효가 이백 팔십 팔인이라

이 무리의 큰 자나 작은 자나 스승이나 제자를 무론하고 일례로 제비 뽑아 직임을 얻었으니

첫째로 제비 뽑힌 자는 아삽의 아들 중 요셉이요

둘째는 그달리야니 저와 그 형제와 아들 십 이인이요

셋째는 삭굴이니 그 아들과 형제와 십 이인이요

네째는 이스리니 그 아들과 형제와 십 이인이요

다섯째는 느다냐니 그 아들과 형제와 십 이인이요

여섯째는 북기야니 그 아들과 형제와 십 이인이요

일곱째는 여사렐라니 그 아들과 형제와 십 이인이요

여덟째는 여사야니 그 아들과 형제와 십 이인이요

아홉째는 맛다냐니 그 아들과 형제와 십 이인이요

열째는 시므이니 그 아들과 형제와 십 이인이요

열 한째는 아사렐이니 그 아들과 형제와 십 이인이요

열 둘째는 하사뱌니 그 아들과 형제와 십 이인이요

열 세째는 수바엘이니 그 아들과 형제와 십 이인이요

열 네째는 맛디디야니 그 아들과 형제와 십 이인이요

열 다섯째는 여레못이니 그 아들과 형제와 십 이인이요

열 여섯째는 하나냐니 그 아들과 형제와 십 이인이요

열 일곱째는 요스브가사니 그 아들과 형제와 십 이인이요

열 여덟째는 하나니니 그 아들과 형제와 십 이인이요

열 아홉째는 말로디니 그 아들과 형제와 십 이인이요

스무째는 엘리아다니 그 아들과 형제와 십 이인이요

스물 한째는 호딜이니 그 아들과 형제와 십 이인이요

스물 둘째는 깃달디니 그 아들과 형제와 십 이인이요

스물 세째는 마하시옷이니 그 아들과 형제와 십 이인이요

스물 네째는 로암디에셀이니 그 아들과 형제와 십 이인이었더라(대상 25:7-31).

그러나 이 영광스러운 이름들도 수년이 흘러가며 잊힌 이름이 되었다. 성경을 읽지만 누구도 관심을 기울이지 않고 그저 스쳐버리는 구절에 불과하다. 어쩌면 명성을 쫓아 살아온 내 생애도 이와 다르지 않다. 나는 한국을 대표하는 음악사역자에 이름을 올려놓고 싶어했고, 첫째나 둘째가 되어보려 애써왔다. 그러나 첫째 둘째가 아니라 스물셋째 스물넷째, 혹은 스물넷째의 아들과 형제와 십이인 중 하나, 그 이름 없는 하나라 할지라도 그분 앞에 전부를 드려 헌신할 수 있는가는 별로 생각해 보지 않은 듯하다.

모 기독교포털 사이트의 쇼핑페이지에 들어가 몇몇 키워드로 신앙서적이나 음반 같은 기독교 상품을 검색해 보았다. 사랑 2153, 믿음 2044, 비전 529, 축복 498, 성장 477, 부흥 428, 성공 342, 소망 251, 승리 222, 그리고 겸손은 41개뿐이었다. 나는 이 숫자들이 나와 당신의 모습이라고 생각한다. 축복은 장사가 되지만 겸손은 장사가 되지 않는다. 겸손이 좋은 건 알지만 누구도 원하진 않는다. 사실 현재의 나는 녹아져 보이지 않게 되는 '소금'보다는 밝히 드러나는 '빛'의 일을 하고 있다. 그러나 나는 안다. 언젠가 이 화려한 무대를 내려와 또 다른 누군가에게 '빛'의 자리를 내어주어야 한다는 것을. 그러나 나는 또 기대한다. 그때야 비로소 나는 진짜 '소금'이 될 수 있으리란 것을.

나는 작아지고 주님만 커지시도록.
나는 낮아지고 주님은 높아지도록.

나는 비워지고 주님만 넘치시도록.
나는 버려지고 주님만 얻으시도록.
나는 녹아지고 주님만 보이시도록.
나는 없어지고 주님만 계시도록.
나는 죽어지고 주님만 사시도록.

작은 예배자

민호기 사곡

나를 버리고 또 버리며

나를 비우고 또 비우며

내 생각과 방법 내려놓고

내 목소리 낮추고 주 음성 들으며

겸손하게 더 겸손하게

온유하게 더 온유하게

거룩하게 더 거룩하게

주님 앞에 더욱 작아지기 원하네

정결하게 더 정결하게

진실하게 더 진실하게

사랑하게 더 사랑하게

주님 앞에서 내 주님 앞에서

담대하게 더 담대하게

인내하게 더 인내하게

온전하게 더 온전하게

주님 앞에 더욱 작아지기 원하네

주님만이 더욱 높아지기 원하네

작은 예배 주께 드리기를 원하네

2009년을 시작하는 새해 첫 팀 모임에서 찬미워십 단원들은 각자 올해 '가상 3대 뉴스'를 꼽아보았다. 나는 그 중 하나로 '한국교회에서 가장 많이 불리는 노래를 만든다'는 소망을 내놓았다. 그리고 얼마 뒤 겨울 캠프사역을 하던 어느 날, 천여 명이 모이는 대형캠프를 마치고 다음 장소로 이동하던 차 안에서의 일이다.

    사실 그날의 집회는 굉장했다. 수많은 청소년들이 바로 내 눈앞에서 하나님께 열광하고 외치고 뛰고 손들고 눈물을 쏟는, 그야말로 최고의 예배인 것처럼 보였다. 더불어 그런 예배를 인도하고 있는 나 자신이 대단한 존재가 된 듯한 착각마저 들 지경이었다. 게다가 집회가 끝난 뒤 음반도 불티나게 팔렸고, 스태프가 건네준 봉투에는 다른 데보다 훨씬 많은 액수의 사례금이 들어 있었다. 그야말로 그날은 여러모로 '대박'이었다. 그런데 내 마음속에서 왠지 모를 불편함이 떠올랐다. 주님은 '작은 예배'라는 단어를 떠올리게 하셨다. 그리고 그 작은 예배를 드리는 '작은 예배자'를 찾으신다는 것을, 작은 예배자는 어떻게 살아야 하는지를 말씀하셨다. 나는 갓길에 차를 세웠다. 핸들에 얼굴을 묻고 한참 눈물을 쏟은 나는 차 안에서 노래를 만들기 시작했다.

    가상 3대 뉴스는 한국교회에서 가장 많이 불리는 노래가 아니라 나를 포함한 '단 한 사람이라도 변화시키는 노래를 만드는 것'으로 바뀌었다. '작은 예배자'는 그렇게 만들어졌고 불리기 시작했다. 이 책과 음반의 제목은 그날 정해진 것이다.

하나님은 놀라운 분이다. 그분이 하신 일은 큰 것도 놀랍고 작은 것도 놀랍다. 망원경으로도 다 담을 수 없는 별과 우주와 천지만물의 광대함도 놀랍고, 현미경으로도 다 들여다 볼 수 없는 미립자와 소립자의 섬세한 세계도 놀랍다. 그러나 가장 놀랍고도 이해되지 않는 신비는, 크신 창조주 하나님께서 작고 좁은 내 안에 거하신다는 사실이다. 완전하신 하나님이, 거룩하고 순결하신 주님께서, 추하고 지저분하고 불완전한 내 안에 거하기를 기뻐하신다니 놀랍다. 그러나 이보다 더욱 놀라운 것은 내가 작아지면 작아질수록 하나님은 내 안에 더 풍성히 거하시며 더 크게 일하신다는 사실이다. 그런 의미에서 '작은' 예배자는 '죽은' 예배자다. 죽어야 사는 예배자.

결국 모든 답은 겸손으로 귀결된다.

헌신은 나를 버리는 것이다.

나눔은 나를 비우는 것이다.

사랑은 나를 낮추는 것이다.

거룩은 나의 죄인 됨을 인정하는 것이다.

정결은 하나님의 완전하심을 사모하는 것이다.

담대함은 내가 하는 것이 아니라 하나님이 하심을 아는 것이다.

찬양의 반대말이 교만이라면, 겸손은 그 자체로 이미 완전한 찬양이요 예배다.

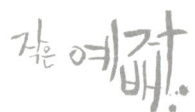

간주곡 Interlude 5
발효인가, 부패인가

근래 신인 찬양사역자 중에 '무료사역 신청 받습니다' 하는 내용의 홍보를 하는 분들을 종종 찾아볼 수 있다. 신인이 설 수 있는 무대가 많지 않은 어려운 상황에서 자신을 알릴 수 있는 최후의 몸부림인 것만 같아 마음 한 편이 씁쓸한 반면, 어찌 보면 신인이기에 가능할지 모를 순전한 사역자의 마음인 것 같아 부럽기도 했다. 나도 예전엔 저렇게 돈 한 푼 받지 않아도 그저 불러주시는 곳이 있단 사실 하나만으로, 노래할 수 있는 자리가 허락된다는 것만으로 감사히 달려가던 시절이 있었지 하는 생각에 문득 서글퍼진다.

지금의 나는 그때보단 조금 더 사람들에게 알려지고 나를 찾아주는 교회와 공동체를 자주 만나지만, 오히려 예전과는 사뭇 달라진 나 자신을 종종 마주친다. 섭외전화의 말미에 늘 어색한 분위기로 "저기 사례는 어느 정도……?" 하고 물어 오실 때면 순간, 생각이 많아진다. 나의 가치가 얼마의 돈으로 환산되는 찰나, 나는 사역자와 삯군 사이의 아슬아슬한 외줄타기를 시작하게 된다. 집회를 잘 마치고 돌아올 때 쥐어주시는 사례금 봉투를 받을 때면, 때론 봉투의 두께에 마음이 천국과 지옥을 오가기도 한다. 나는 참으로 한심하고도 연약하다.

지난 해 '발효인가 부패인가'라는 주제로 설교를 준비하며 나는 그 어느 때보다도 나 자신에 대해 생각해 볼 수 있었다. 사전에서 말하는 '발효'란 '미생물이 자신이 가지고 있는 효소를 이용해 유기물을 분해시키는 과정이다. 발효반응과 부패반응은 비슷한 과정에 의해 진행되지만 분해 결과, 우리 생활에 유용하게 사용되는 물질이 만들어지면 발효라 하고 악취가 나거나 유해한 물질이 만들어지면 부패라고 한다'는데 내 삶과 사역은 유용한 무언가를 만들어내고 있는가, 혹은 유해한 무언가를 만들고 있는 건 아닌지 …….

어떤 사람들은 요즘의 나를 보며, 멋있어졌다고 성숙해졌다고 노련해졌다고 칭찬한다. 물론 나 듣기 좋으라는 의례적인 칭찬이겠지만, 신인 시절의 나를 생각해 보면 내가 생각해도 참 많이 컸다. 그러나 또 어떤 사람들은 내가 변했다고 하고, 잘난 척한다고 하고, 매너리즘에 빠진 것 같다고 한다. 나는 부패하고 있는 것인가, 발효되고 있는 것인가.

굉장히 존경하는 한 목사님이 계셨다. 이십 대 초반의 내가 그 분의 책을 읽고 얼마나 감동을 받았던가. 나도 저렇게 살아야지 다짐하게 하셨던 그 분은, 세월이 많이 흐른 근래 보수정치 운동의 선봉에 서서 많은 말을 쏟아내셨다. 예전엔 행동으로 몸소 보여주시던 그 분의 요즘 말들은 나를 혼란스럽게 한다. 어떤 이들은 그 분이 '맛이 갔다'고 하고, 어떤 이들은 '더 큰 분이 되셨다' 고 한다. 그 분은 부패되신 것인가, 발효되신 것인가.

사람이 나이를 먹고 경력을 쌓으며 이름을 얻고 지위가 생기며 달라지는 것은 당연하다. 그러나 우리는 잘 달라져야 한다. 사역자가 돈에 연연하는 것은 죄악이지만, 적절한 수준의 사례(라는 표현은 대가를 전제로 하기에 옳은 말은 아니지만 적당한 표현을 찾기가 어려워)를 받는 것은 현대사회를 사는 우리에겐 어떤 면에서 당연한 것이다. 문제는 그 '적절한 수준'이라는 게 도대체 뭐냐는 것이고, 그 기준이 신인 때와 너무 많이 달라지는 것이 문제다.

Interlude 간주곡

내 생각의 '적절한'이 다른 사람들에겐 '어마어마한' 것이라면 그 또한 문제다. 누군가는 나의 변화를 발효로 느낄지 모르지만, 또 다른 누군가는 부패로 느낀다면 나는 과연 건강한 사역자인가.

일본인 메이저리거 이치로 스즈키의 말이다. "초심을 잃지 않는 것은 매우 중요합니다. 그러나 초심으로 플레이를 하면 안 됩니다."

나이를 먹는다는 것, 사역을 한다는 것, 성숙해간다는 것. 참 어려운 숙제다. 휴~

그 다음 **이야기**

하늘소망

다시 처음으로, 다시 처음부터

글을 쓰는 동안 내내 J. B. 프리스틀리의 말이 환청처럼 귓가를 어지럽혔다.

애당초 글을 쓰지 않고 살 수 있으면 좋겠지만 꼭 써야 한다면 무조건 써라. 재미 없고, 골치 아프고, 아무도 읽어주지 않아도 그래도 써라. 전혀 희망이 보이지 않고, 남들이 다 온다는 그 '영감'이라는 것이 오지 않아도 그래도 써라. 기분이 좋든 나쁘든 책상에 가서 그 얼음같이 냉혹한 백지의 도전을 받아들여라.

헨리 데이비드 소로우의 말은 모든 작가의 최고의 부러움이다.

내가 글을 쓰는 게 아니라 신이 내 어깨를 움직여 글을 쓴다.

소동파도 말한다.

글에 능한 것이 좋은 글이 아니라 쓰지 않을 수 없어 쓴 글이 좋은 글이다. 마음 속 생각이 충만하면 글은 저절로 써진다.

발터 벤야민은 격려한다.

책을 소유하는 가장 바람직한 방식은 그것을 쓰는 것이다.

진정한 의미에서 나는 평생 처음으로 책을 소유하게 되었다. 그러나 이 책은 나만의 책이 아니라, 당신의 책이 되기를 바란다.
도스도예프스키의 말은 무엇보다 큰 힘이 되어주었다.

사람은 누구나 하나의 명작을 쓸 수 있다. 왜냐하면 자신의 이야기를 쓰면 되니까.

독서치료 전문가 조셉 골드의 말에 조금 안심이 된다.

놀라운 점은, 필요한 책을 찾아내는 방법을 잘 몰라도 사람들은 결국 그것을 찾아낸다는 것이다. 그리고 더 중요한 것은 사람들이 '자기가 읽은 것에서 자기가 필요한 것을 발견한다'는 것이다.

렉티오 디비나$^{Lectio\ Divina}$까지는 아니더라도 당신이 마음으로 읽고 필요한 것을 발견해내셨기를 바란다.
처음의 막막함이 점점 더 현실로 모양을 갖춰가며 나는 더욱 두려워졌다. 판화가 김철수 선생이 그의 책 서문에 남긴 염려는 내 마음을 비추어준다.

벌써 세 번째 엽서책을 냅니다. 저녁마다 당신들을 떠올리면서 빈 엽서를 꺼내 놓았습니다. 조용히 제 하루를 돌아보고 짧은 편지를 썼지요. 날이 갈수록 엽서를 받는 이들이 많아졌습니다. 그 많은 당신들 앞에 드리는 짧은 편지는, 어쩔 수 없이 제 감정의 기복을 따라 얼룩지곤 했습니다. 다 기억하지 못하는 흘러가 버린 감정의 무늬들, 부쳐버린 엽서들. 걱정스럽습니다. 당신 앞에 도착한 엽서들이 거기서 무슨 짓을 했을까?

체육교사 시절에 다쳐 전신마비가 된 구필화가이자 시인인 호시노 도미히로는 노래한다.

어떤 바람

바람은 보이지 않지만
나무에 불면 녹색바람이
꽃에 불면 꽃바람 되고요
음~ 바람은
방금 나를 지나간 그 바람은
어떤 바람 됐을까

나를 지나간 말과 글과 노래는 어떤 것일까. 다 쓰고 보니 여전히 아쉬움, 모자람투성이다. 사진 한 장을 찍어도 5MB는 넘고, 노래 한 곡은 50MB, 영화 한 편은 1GB가 넘는데, 거의 1년을 매달린 원고의 최종용량은 543KB, 즉 0.5MB에 불과했다. 2MB도 안 된다니……. 그러나 이 글들이 수치로 환산할 수 없는 가치를 가지기를 기도한다. 책을 쓰는 동안, 좋은 책도, 좋은 음반도 많이 나왔고 심지어 찬양사역에 대한 신랄한 비판을 담은 책도 나왔다. 쓴 글들을 다시 읽어보니 처음 쓸 때와 좀 달라진 생각도 있고, 억지스럽고 자아도취에 빠진 생각도 많이 보인다. 심지어 장마다 눈물바람이라 민망하기 이를 데 없다. 새로 고쳐 쓸까 하던 생각을 고쳐 잡고 그냥 이대로 흘려보내려 한다. 쓰던 당시의 좀 부족한 내가 오히려 이 책에 더 진실할 수 있을 것 같다. 아무리 고쳐 쓴다 한들 새로 쓴다 한들 또 언젠가에는 부끄럽기 짝이 없는 모자란 생각으로 그칠 것이다.

나는 안다. 하나님은 결코 완성품을 주시는 분이 아니라는 것을. 부디 '나'라는 좁고 작고 청결치 못한 통로를 거쳐 전해지게 될, 그분께 전해들은 이야기와 멜로디가 부디 나보다 그분을 닮은 것이기를 기도할 뿐이다.

그래서 나는 '작은 예배자'다. 다시 한 번 확인하지만 이는 결코 겸손해 보이려 하는 말이 아니다.

나는 정말이지 '구제불능'이다. 그런 나를 구제하려 그분은 생명을 바치셨다.

처음 책을 쓸 때 '나는 좋은 예배자다'라고 시작하고 싶었으나, 솔직히 그건 사실이 아니다. '이제 나는 좋은 예배자다'라고 이 글을 맺고 싶으나, 여전히 자신이 없다. '나는 매우 더디지만, 좋은 예배자가 되어가고 있다'라고 적고 보니 조금 위안이 된다.

나, 당신, 우리 모두는 그분 앞에서, 그분 안에서, 그분과 함께 진행 중이다.

스스로 꼽는 당신의 최고작이 무엇이냐는 기자의 물음에 유명한 영화감독은 짧게 대답했다고 한다. "다음 작품." 주저 없이 다음에 더 좋은 걸 보여주겠다고 장담하는 건, 넘치는 창조성에 의한 자신감인가, 아니면 각고의 노력에 대한 의지의 결단인가. 어느 쪽이든 나는 예술가로서, 첫 책의 후기를 쓰는 초보 작가로서 그 감독이 심하게 부럽다.

헤밍웨이는 '조금 더' 잘 쓰기 위해 「노인과 바다」 이후 결국 한 작품도 더 쓰지 못했다는데, 그러나 나는 뻔뻔하게도 참 많이도 썼다. 나의 최고작을 묻는 물음에 기껏 "하늘소망"이라 대답해온 나는 새로운 꿈을 꾸어본다. 이전보다 더욱 그분을 사랑하고, 알아가고, 닮아가고, 그분의 일을 섬기다 보면 이전에 몰랐던 더 낮은 곳, 더 높은 곳, 더 좁은 곳, 더 넓은 곳, 더 깊은 곳에서 그 분은 더 많은 것을 내게 보여주실지도 모르겠다.

요즘 부쩍 깊이 묵상하는 말이 있다. "음악을 사랑하니 찬양이 보이고, 찬양을 사랑하니 예배가 보이고, 예배를 사랑하니 교회가 보이고, 교회를 사랑하니 세상이 보인다." 이제 나는 음악을, 찬양을, 예배를, 교회를, 세상을 더 사랑해야겠다.

하늘소망

민호기 사곡

나 지금은 비록 땅을 벗하며 살지라도
내 영혼 저 하늘을 디디며 사네
내 주님 계신 눈물 없는 곳
저 하늘에 숨겨둔 내 소망 있네

보고픈 얼굴들 그리운 이름들 많이 생각나
때론 가슴 터지도록 기다려지는 곳
내 아버지 너른 품 날 맞으시는
저 하늘에 쌓아둔 내 소망 있네

주님 그 나라에 이를 때까지
순례의 걸음 멈추지 않으며
어떤 시련이 와도 나 두렵지 않네
주와 함께 걷는 이 길에

내가 생각하기에 성경에서 가장 철학적인 구절과 찬송가에서 가장 시적인 구절을 빌어 글을 맺는다.

"모든 강물은 다 바다로 흐르되 바다를 채우지 못하며 어느 쪽으로 흐르든지 그리로 연하여 흐르느니라"(전 1:7).

영광의 기약이 이르도록 언제나 주만 바라봅니다(개정찬송가 407).

그리고 이제 황인숙의 시 "외상값"으로 마지막 인사를 대신하려 한다. 외상값처럼 다음 글과 노래를 마음에 두고 살아야겠다.

왜 사는가?
왜 사는가……
외상값.

피날레 Finale

어느 심리학자가 재미있는 실험을 했다. 한 사람을 두고, 두 사람의 표본을 뽑는다. 그를 10년 정도 대충 알고 지낸 사람과 그날 처음 만났는데 그 사람의 집에 데려가 그의 방을 30분 정도 살펴보게 한 사람. 그들에게 설문지를 나눠주고 그 사람에 대해 얼마나 알고 있는지 준비된 문항을 풀게 했다. 놀랍게도 10년을 알고 지낸 사람보다 그날 처음 만났지만 지극히 개인적인 공간인 방을 들여다보게 한 사람이 그의 기호나 취향, 성격과 잘 드러나지 않는 내면 등에 대해 더 잘 알고 있다는 결과가 나왔다. 물론 단 한 번을 만나 교환한 눈빛과 악수가 때론 더 많은 말과 정보를 전하기도 하지만, 직접 만나지 못한 여러분께 더 진실한 나를 보여드리고 싶었다. 이 책을 통해 내 이야기를 들려드렸지만 정작 진짜 나를 알리기에는 부족한 것 같아 나는 부끄럽게, 혹은 자랑스럽게 내 방문을 열어 드린다.

　내 방은 단순하다. 한 쪽은 음악, 다른 한 쪽은 책. 어린 시절부터 내가 가장 좋아하고 사랑한 두 가지다. 전문 수집가에 비할 바 못 되지만 1만여 장의 음반과 DVD, 5,000권 남짓의 책. 내 방은 나의 십 대였고, 이십 대였고, 삼십 대였고, 그렇게 나와 함께 나이를 먹어갈 것이다. 가장 감사한 것은 저 방 덕분에 내가 하나님의 일을 하고 있다는 것이고, 또 저 방 덕분에 가족을 부양하며 살 수 있다는 것이다. 좋아하는 일을 하며 먹고 살 수 있는 축복을 누릴 수 있는 것도 저 방 덕택이라 생각한다.
　예전에 선비들이나 학자들이 자신의 서재에 이름을 붙여준 걸 기억한다. 학고재니 정명재니 지학관이니 하며 말이다. 나도 내 방에 이름을 지어주고 싶었다. 그래서 지어준 내 방 이름은 바로 '브살렐과 오홀리압의 연구실'이다.

"모세가 이스라엘 자손에게 이르되 볼찌어다 여호와께서 유다 지파 훌의 손자요 우리의 아들인 브살렐을 지명하여 부르시고 하나님의 신을 그에게 충만케 하여 지혜와 총명과 지식으로 여러가지 일을 하게 하시되 공교한 일을 연구하여 금과 은과 놋으로 일하게 하시며 보석을 깎아 물리며 나무를 새기는 여러가지 공교한 일을 하게 하셨고 또 그와 단 지파 아히사막의 아들 오홀리압을 감동시키사 가르치게 하시며 지혜로운 마음을 그들에게 충만하게 하사 여러가지 일을 하게 하시되 조각하는 일과 공교로운 일과 청색 자색 홍색실과 가는 베실로 수 놓는 일과 짜는 일과 그 외에 여러가지 일을 하게 하시고 공교로운 일을 연구하게 하셨나니"(출 35:30-35).

브살렐과 오홀리압은 출애굽 여정에 있던 이스라엘 백성이 하나님의 명령을 좇아 그분을 예배하는 공식 예배처소인 "성막"을 디자인한 사람들이다. 그리고 그들은 성막을 세우는 데 관여된 모든 일을 진두지휘했다. 그들은 건축가였고, 조각가였고, 재단사였고, 솜씨 좋은 목수였고, 금속 세공사였고, 의상 디자이너였다. 말 그대로 그들은 하나님 나라의 '종합 예술인'이었다. 그러나 35절은 이들이 감당한 다양한 일을 두 가지로 요약한다. 그것은 바로 '공교로운 일을 하는 것'과 '공교로운 일을 연구하는 것'이다.

하나님 앞에서 내가, 그리고 당신이 평생 동안 해야 하는 일 역시 이 두 가지다. 사람들은 내 사역의 대부분이 무대나 강단 위에서 이뤄진다고 생각한다. 물론 거기서 공교하게 사역하는 것은 무엇보다 중요하다. 그러나 무대에서의 사역은 내 사역의 절반에 불과하다. 나머지 절반은 나만의 공간인 '브살렐과 오홀리압의 연구실'로 돌아가 거기서 말씀을 묵상하고, 엎드려 기도하고, 찬양하고, 노래를 만들고, 책을 읽고, 음악을 듣고, 영화를 보고, 글을 쓰는 것이다.

당신도 이제 당신만의 '브살렐과 오홀리압의 연구실'에서 공교한 일을 시작하라. 이 일은 사역자와 평신도를 나눌 수 없는 일이다. 애초에 평신도란 없을 뿐더러 그분 앞에선 모두가 예배자요, 모두가 사역자다. 자신이 하는 일이 어떤 것이든 하나님의 영광을 위한 일이라면 그 또한 예배다. 우리는 어떤 자리에서 무엇을 하든 이 시대의 브살렐과 오홀리압이 되어야 한다. 맡겨진 직무를 공교하게 감당하기 위해 애쓰고 그를 위해 평생을 들여 연구하는 삶이야말로 하나님이 우리를 부르신 이유이기도 하다. 그리고 이 모든 일은 궁극적으로 예배처소인 '성막'을 만드는 것처럼, 우리의 다양한 삶의 자리에서 예배를 세워가는 일이다.

자신이 많은 일을 해온 것 같지만 사실은 한 가지를 해온 셈이라는, 다만 그 표현이 다양했던 것뿐이라는 유진 피터슨의 표현을 빌자면, 내가 해온 다양한 사역 역시 사실은 한 가지 일인 셈이다. 바로 하나님을 예배하는 것이다.

이 책에 첨부했어야 마땅한 수많은 각주와 참고도서 목록이 있다. 책을 쓸 때부터 부록으로 싣고 싶었던 추천도서와 음반 목록이 있다. 그것을 적는 대신에 그 자리에 내 방 사진을 숙제처럼 남겨둔다. 이제 당신의 브살렐과 오홀리압의 연구실에서 당신의 예배와 사역과 연구가 시작되길 바란다.

사역을 앞두고 기도

1. 한 영혼 한 영혼을 깊이 사랑하게 하옵소서.
2. 단체, 회, 동료들을 더 배려하고 섬기게 하옵소서.
3. 규모, 숫자, 돈에 연연하지 않게 하옵소서.
4. 영적인 거룩함과 균형함을 지키게 하옵소서.
5. 육신의 건강한데로 다가온 죽음의 안전을 지켜주옵소서.
6. 매번의 집회가 인생의 마지막 사역인듯 헌신을 쏟아붓게 하옵소서.
7. 나는 없어지고, 그리스도만 섬겨지고 드러나게 하옵소서.

앙코르 Encore

예배는 본질이자 형식이다

(NCCK 공개세미나 '청년 예배의 부흥을 위한 패러다임의 전환' 발제 원고)

이야기를 하나 지어내는 것으로 글을 시작할까 한다.

어느 이름난 아름다운 성읍의 높은 망루에는 파수꾼이 있었다. 밤을 꼬박 새고 아침을 기다리는 것보다 주를 더 기다리는 신실한 사람이었다.

멀리 성을 향해 오는 한 사람이 보인다. 그의 걸음이 성읍을 향해 가까워지도록 파수꾼은 그에게서 눈을 떼지 않는다. 생김새와 복색으로 미루어보아 서쪽나라 사람인 듯한데, 뭐하는 사람이며 그가 끌고 오는 마차에는 무엇이 실려 있는지도 알 길이 없기에 더욱 면밀히 관찰한다.

이윽고 성 앞에 다다른 그가 안으로 들여보내주기를 원하지만 그럴 수는 없다. 들여보내도 될지, 일단 기다리게 해야 할지, 돌려보내야 할지 우선 확인해야 한다.

파수꾼은 간단한 몇 가지를 질문한다. 서쪽나라에서 온 성 안 사람을 불러 이 사람에 대해 잘 아는지도 물어봐야 한다. 그가 믿을 만한 사람인지, 그가 싣고 온 물건들이 무엇에 쓰는 물건이며 우리 성읍에 도움이 되는 것인지, 혹 전염병이라도 옮겨온 건 아닌지 꼼꼼히 점검해야 한다. 혹 신분이 확인되어 들여보내더라도 조금이라도 미심쩍은 바가 있다면 일단 먹이고 씻기며 한동안 유심히 지켜보아야 한다.

완고한 성격의 새로운 왕이 자리에 오른 어느 날, 성루에 앉아 있기만 하는 것처럼 보이는 파수꾼의 일이 비생산적이라 판단한 왕은 비정규직이었던 파수꾼을 해고해 버리고, 대신 성문을 꼭꼭 걸어 잠궈 아무도 못 들어오게 하는 경제적인 방법을 택했다. 그러나 한때 교역의 중심이던 성읍을 영악한 장사꾼들이 그냥 포기할리 만무하다. 각지에서 모인 그들은 날이면 날마다 성읍을 찾았고, 숫제 성문 앞에 진을 치고 밤낮없이 성문을 두드리고 또 두드렸다. 결코 지치지 않는 기세로 세를 불려가던 그들은 급기야 성문을 힘으로 밀기 시작한다. 어이없이 성문이 무너지는 순간 잇속에 눈이 먼 장사꾼들은 말 그대로 '물밀듯이' 성읍으로 몰려 들어왔고, 성 안은 아수라장이 된다. 누가 성 안 사람인지 성 밖 사람인지, 뭐가 좋은 것이고 뭐가 나쁜 것인지 구분하기도 어려워졌다.

새로운 물건들의 갑작스러운 대량 유입에 열광하는 사람도, 우려하는 사람도, 당황하는 사람도 있었다. 가진 사람들은 이것저것 새 물건들을 사들여 써 보기도 했지만, 없는 사람들은 오히려 더 외로워졌다. 장인의 예술성과 노고가 깃든 물건이 대접받는 대신 잘 팔리면 좋은 것이고 안 팔리면 나쁜 것으로 여기는 천박함이 당연해지기도 했다. 오랜 시간 성 안에서 중요하게 생각되던 것들이 하루아침에 구닥다리로 전락하기도 했고, 새로운 문물에 대한 무조건적인 지지자들은 성문

266

이 무너진 것이 오히려 반갑기만 했다. 또 밖에서 들어온 것은 무조건 악한 것이니 쳐다봐서도 안 된다는 사람들의 목소리 또한 만만찮았다.

결국 성읍은 그 본래의 아름다움과 명성을 잃어가며 소란하고도 지저분한 곳으로 퇴락해 갔다.

우습도록 극단적이면서도 슬프도록 현실적인 이 이야기에 스스로 소름이 돋는다. 언제나 자화상을 그려내는 것은 가장 어렵고도 아픈 일이다. 한국교회의 문화수용방식은 이토록 단순하다. 기본적으로는 '쇄국정책', 그리고 그것이 무너졌을 때는 곧바로 '사대주의'로 돌변한다. 쇄국정책과 사대주의 사이의 경계란 마치 거센 폭풍우 앞의 문풍지처럼 아슬아슬하여 대중문화의 북풍한설을 막아내기엔 터무니없이 연약해 보인다. 현대화^{Modernization}와 세속화^{Secularization}의 기로에 선 한국교회는 내내 주체의 문제에서 언제나 주도권을 세상에 빼앗겨 왔다. 교회가 개혁의 주체가 되면 현대화, 세상이 주체가 되면 세속화라는 식의 이분법을 언급하지 않더라도 교회 안에는 늘 이원화된 관점이 있어 왔다. 전통과 개혁의 문제는 비단 가톨릭과 개신교회를 구분 짓는 잣대 그 이상의 내부적 동력원이었다. 이 오랜 맞수는 교회를 건강하게 유지하며 진취적으로 이끄는 자정원이기도 했고, 동시에 갈등과 분쟁의 근원이기도 했다.

문제는 한국교회 안에 변화에 대한 날선 '검열자'는 많되 좋은 '관찰자'가 없다는 데 있다. 좀 더 정확하게 말하자면, 당장의 현상을 두고 민감하게 반응하는 조급한 검열자에 비해 오랜 시간과 공을 들여 지켜볼 줄 아는 진지한 관찰자가 터무니없이 적다는 사실이다. 검열자와 관찰자 사이에서 한국교회는 언제나 스스로 완고한 검열자이기만을 원했다. 그러나 결코 지치지도 않고 포기도 모르는 세속적 대중문화의 위압 앞에 결국은 종속적 소비자로 전락해 버린다. 혹은 관찰하기를 게을리 했던 스스로를 반성하기보다 이미 유입된 현대적인 문화를 무조건 반대하거나 혐오하는 것만으로 자신의 알량한 자존심을 지켜내려 한다. 이렇듯 교회는 문화 전반에 있어서 수동적 태도를 벗어나지 못한 채 많은 부분에서 그 영향력을 세상에 내어주게 된다.

이 글을 통해 다루고자 하는 '예배문화'는 특별히 근래 들어 관심집중의 대상이면서도 가장 중요한 교회문화를 대표한다. 기독교가 문화이면서 문화가 아니듯, 예배 또한 문화이지만 문화가 아니다. 1980년대 중후반부터 본격화된 경배와 찬양 운동은 가히 폭발적인 반응과 논란 속에서 예배에 대한 인식과 형식의 변화뿐 아니라 한국교회 문화 전반의 변혁을 가져왔다. 그것을 변혁으로까지는 인정할 수 없다 하더라도 현대적 찬양 예배의 유입은 최소한 한국교회 전체 분위기의 변화를 촉발시켰다는 점을 부인할 수는 없을 것이다.

교회 안에는 예배를 본질로 보느냐, 형식으로 보느냐에 따라 다양한 해석과 이견의 가능성이 존재할 수 있다. 본질을 사수하고자 하는 이들은 예배 형식의 변화를 두고 '본질의 변질'로 확대해석할 것이고, 형식의 변화에 민감한 이들은 전통적 예배 방식의 고수를

'본질을 오해'한 형식의 우상화로 치부하기도 한다. 예배를 유행이나, 추세^{trend}로 인식하는 가벼움도 문제지만, 예배 형식을 불변의 것으로 인식하는 것 또한 유연하지 못한 태도다.

모든 신앙인에게는 예배에 대한 각자의 정의^{定義}가 있을 것이다. 어떤 이는 예배를 '엄숙', '경건', '거룩', '정결'로 정의한다. 또 어떤 이는 예배란 '자유', '기쁨', '열정', '축제'라고 정의한다. 우리는 각자 자신의 정의에 따라 예배하기 마련이고, 자신과 다른 정의를 가진 이의 예배가 충분히 불편하게 보일 수도 있다. 때문에 내가 선호하는 예배 방식이 진짜 예배라 믿는 나쁜 습관을 가지게 되었으며, 개인의 예배 정의에 따른 형식의 상이는 서로 간의 판단과 정죄의 대상이 되어버리기도 했다.

사실 한국교회의 세대와 문화 간의 오랜 갈등은 새삼스러운 것이 아니다. 음악의 도구화나 가치중립성에 대한 고민이라든지 해묵은 음악장르 논쟁 등은 더 이상 심각한 논쟁거리로 다뤄지지도 않는다. 이미 교회 안에서 예배 중에 전자악기들이 연주되고 있는데 자꾸 말하면 무엇하냐는 식의 체념적 태도는 충분한 관찰과 검증의 결과가 아닌 무비판적 대세의 수용일 뿐이다.

예배는 변혁의 주체이며 동시에 변혁의 대상이다. 예배는 성도의 말과 생각과 삶을 송두리째 변화시킬 뿐 아니라, 교회와 공동체의 부흥을 이끌며 더 나아가 세상을 변화시키는 거룩한 주체가 된다. 그와 동시에 끊임없이 새로워지며, 완전하신 분을 향한 다양한 표현방식들을 찾아내야 한다.

몇 년 사이 이른바 '찬양 예배'라 불리는 예배 양식style이 젊은 층들에게 전폭적인 지지를 얻으며 한국교회의 주류로 자리를 잡아가고 있다. 전통적인 예배에서 강조되는 '예전' 자체보다 '내용'을 중요시하며, 예배 형식보다 예배 정신이나 본질이 더 중요한 것임을 강조한 것이 현대 찬양과 경배 운동의 모토였다. 그러나 실제로 젊은 이들에게 더 흥미를 불러일으킨 것은 간소화된 예전과 문화적, 특히 음악적인 측면에 집중한 자유로운 예배 양식이다. 지루하게 느껴지는 클래식 음악이 아닌 대중적인 팝 음악, 정장이나 예복이 아닌 청바지와 티셔츠, 정적이고 엄숙한 분위기가 아닌 편안하고도 열정적인 분위기의 이 젊은 예배는, 형식보다는 본질이 우위에 있다는 믿음 하나로 이 모든 변화에 정당성을 부여했다. 그러나 이런 믿음과 그로 인한 변화를 나는 절반의 성공과 절반의 실패라 진단하고 싶다.

현대적 음악을 매개로 한 찬양 예배는 실제로 매우 긍정적이고 중요한 의미를 가진다. 첫째, '말씀 중심 예배'를 구현하기가 용이해졌다는 점이다. 종교개혁 이후, 가톨릭의 '의식예전 중심의 예배'는 '말씀 중심 예배'로 제자리를 찾았다. 그러나 기존 한국교회의 예배 형태는 예배의 상징과 표현 매개가 균형 있게 자리 잡기보다 목사의 설교에 무게 중심이 편중된, 예배의 의식화된 틀 속에 머물러 있었으며 '말씀 중심 예배'는 '설교 중심 예배'로 오도된 채 고착된 경향이 있다. 하나님의 살아 있는 말씀은 목사의 설교를 통해서뿐 아니라, 말씀에 곡조를 붙인 찬양을 통해서도, 교독문 낭독을 통해서

도, 기도를 통해서도, 성례 의식을 통해서도 선포될 수 있다는 매우 단순하고도 명징한 사실을 간과한 것은 예배 의식 자체를 지나치게 무겁고 경직된 의식적 예배로 회귀시켰다. 그에 반해 당시 유입된 경배와 찬양이나 복음성가 중 성경 본문에 그대로 곡을 붙인 스크립처 송Scripture Song의 경우에서처럼 찬양을 통해 하나님의 살아 있는 말씀이 다양하고도 직접적으로 역사하는 것을 체험한 세대에게는 찬양이 주가 된 예배가 새로운 세대의 예배 대안으로 자연스럽게 받아들여지게 된 것이다.

둘째, 예배의 역동성을 회복하게 했다는 점이다. 앞에서 언급한 것처럼 기존의 '설교 중심 예배'의 의식성은 성도가 예배에 적극적으로 참여할 수 있는 가능성의 여지가 현저히 부족했으며, 설교를 통해 전달되는 메시지를 일방적, 수동적으로 받아들이는 과정의 반복을 통한 지성과 의지의 성숙과는 달리 엄연한 하나님의 선물인 감성의 표현은 엄격히 제한되는 듯 보였다. 여기에 현대적 음악을 매개로 한 경배와 찬양 운동은 의식화된 기존 예배의 경직성에 생동력을 불러일으키는 중요한 계기가 되었다.

사운드 증폭이 중요한 특징인 현대음악이 예배로 유입된 것은 기성세대에게는 어느 정도 강하고 자극적이었을지 모르나 젊은 세대에게는 자신들의 기호와 필요에 공명하는 것이었다. 박수를 치고, 몸을 흔들고, 손을 들고, 춤을 추며, 소리치며 하나님을 찬양하는 것은 성경에 명시된 성도의 당연한 의무이자 특권이었음에도, 그것이 불경한 것으로 오도되던 한국교회 전반의 낡은 부대 속으로 새로운 바람이 불어든 것이다. '음악은 하나님의 말씀 다음으로 최고의 찬양을 받을 만한 효과적인 수단'이라는 루터의 지적은 우리 시대의 젊은이들에게는 거의 진리에 가까운 것임이 여지없이 증명되었다. 현대음악을 매개로 한 경배와 찬양 모임에 사람들이 모여 들었고 그들이 흩어져 개 교회에 찬양 예배를 만들었으며, 10여 년이 지난 지금은 가장 일반적인 형태로 자리 잡았다. 영지정의靈知情意가 균형 잡힌 예배와 신앙은 개혁교회가 말하는 인간의 목적인 '하나님을 영화롭게 하고, 영원토록 그를 즐거워하는 것'을 적극적으로 구현할 수 있게 해주었다.

셋째, 음악을 통한 문화 선교 사역의 접촉점을 발견하게 된 점이다. 경배와 찬양, 복음성가와 더불어 더욱 대중적인 음악인 '(협의의) CCM'이 교회에서 그 영향력을 발휘하게 되면서 교회음악은 더 이상 교회만의 음악이 아닌 세상을 향한 음악이 된다. (물론 현재에 이르기까지 흥망성쇠를 겪었지만) 음악 선교단이라는 이름으로 생겨난 수많은 팀들은 음악을 매개로 세상과의 소통 가능성을 모색, 시도하고 실제로 효과적인 선교전략으로 자리 잡기도 했다. 복음성가 가수, CCM 가수 등의 이름으로 음악사역자들이 활동을 시작하며 사역 현장이 교회에서 학교와 직장, 거리와 소외받는 곳으로 확대되어 갔다. 더불어 교회 내부에서도 세속적인 문화의 대안 문화로서 중요하게 작용했다.

현대적인 찬양에 대한 젊은 세대의 반응은 가히 뜨거웠다. 현대적인 음악의 수용과 활용은 정서적 과도기를 지나며 입시와 취업

에 시달리던 청소년과 청년에게 가장 효율적인 신앙 교육 방식이자 자아발현의 장이 되어주었고, 여기서 새로운 꿈을 키워낸 젊은이들이 자라나 실제로 사회, 문화, 예술 각 분야의 전문가가 되어 영향력을 끼치기도 했다.

이런 긍정적인 면 외에도 찬양 예배가 안고 있는 몇 가지 한계를 짚어보고자 한다. 현대화된 교회가 잃을 수 있는 많은 것 중, 단연 첫째는 예배문화의 변화에 따른 '성역^{Sanctuary} 개념의 상실'이다. 단식투쟁하는 정치인이나 피신한 노조위원장뿐 아니라 일반인들이 명동성당이나 불교사찰에서 느끼는 성역의 아우라는 현대교회와 이미 상당한 격차를 보인다. 이는 단순히 근래의 현대적 교회 건축양식이나 한국교회 전반의 정치적 보수성 등의 현실적 면면으로부터, 예배와 예전 형식의 현대화와 같은 더 근본적인 문제에 이르기까지 꽤나 깊고도 심각하다.

지금 우리의 교회를 보라. 제단^{altar}은 무대^{stage}로 탈바꿈했고, 회중석은 웬만한 극장이 부럽지 않은 편안한 객석이 되었다. 과거에 비해 회중 예배에 대한 적극적 참여나 표현이 많아진 것이 사실이지만, 한편으론 구경만 하기가 더 좋아진 것 또한 사실이다. 예배는 웬만한 예술 공연 수준으로 잘 기획되며 각종 멀티미디어와 PA 시스템으로 무장까지 했으니 더더욱 예배자는 관객으로 전락하기 십상이다.

현대음악 예배 교육 프로그램들을 통해서 훈련된 예배 인도자들의 인도에 자연스럽게 끌려가다 보면 오히려 스스로가 하나님에 대해 묵상하고 올려드릴 여지가 없어지는 것을 발견할 때가 적지 않다. 물론 현대적 예배의 장점 또한 매우 많고, 전통적 예배의 단점 역시 없진 않다. 그러나 젊은이들을 중심으로 현대적 예배로 편향되는 최근 경향성은 오히려 정적인 전통예배의 중요성을 묻게 한다.

일주일 내내 어딜 가나 듣게 되는 현대적 음악의 홍수 속에 지친 이가 구별된 하루에 교회에 가서 듣고 부르는 음악마저 그와 별 다를 바 없는 것이라면 그 시간과 공간이 '성역'이 되어줄 수 있겠는가. 세상에서 지친 마음과 몸을 조아릴 '교회'라는 특별하고도 구별(성경적으로는 '거룩'에 해당하는)된 '공간'에, 가장 높으신 이를 대면하여 만나는 '예배'라는 아름다운 '시간'에 가장 잘 어울리는 표현방식이나 음악이 어떤 것일지를 좀 더 진지하게 생각해 봐야겠다.

찬양 예배에 익숙한 젊은이들은 전통적인 예배를 고역으로만 여긴다. 마치 편식하는 아이처럼 자기 입맛에 맞는 자극적인 것만 골라 먹다 보니, 다른 음식은 거들떠 보지도 않게 되는 경우처럼 말이다. 청년부 찬양 예배에서 춤추고 뛰었다면, 전통적인 일요일 낮 예배에서는 엎드릴 줄도 알아야 한다. 우리는 기뻐 뛰며 춤추지만, 엎드릴 줄 아는 예배자, 형식에서 자유를 누리지만 본질을 향한 회귀에 끊임없이 집중하는 예배자가 되어야 한다.

둘째, 전문가의 부재이다. 예배에서 성례 집전은 목회자 중에서도 목사에게만 부여된다. 말씀 선포, 강도권은 신학을 수업한 전도사 이상, 일부 교회나 부서에서는 교회학교 교사 이상이 메시지 선

포를 맡기도 한다. 일반 예배의 공적인 기도는 대체로 집사 이상의 직분자가 맡는 데 반해, 찬양 인도는 특별한 기준이 없다. 음악만을 전공한 성가대 지휘자에게, 혹은 노래 좀 하는 청년에게 쉽게 맡겨 버린다. 좋게 말하면 누구나 할 수 있는 것이고 나쁘게 말하면 아무나 할 수 있는 것이다. 개인적인 차원에서의 말씀 묵상, 기도, 찬양은 지위고하와 남녀노소를 불문하고 성도 누구에게나 부여된 특권이지만, 공예배의 경우 문제는 전혀 다르다. 가능하다면 훈련된 사역자를 세우는 것이 당연한데, 유독 찬양에 대해서만은 이 기준이 지나치게 낮다.

한 사람의 목회자가 부르심의 확인과 신학훈련을 거쳐 사역현장에 서기까지는 적어도 10년의 시간이 필요하다. 그러나 찬양 예배 인도라는 중요한 자리를 맡기는 데 필요한 신중함을 간과한 한국교회는 음악성만 있으면 누구에게나 혹은 아무에게나 이 일을 맡겨버리는 우를 범하기도 했다. 필자가 자주 주장한 '콘티는 신학이다'라는 명제는 「아트 오브 워십」[예수전도단]의 저자 그레그 시어의 "레퍼토리는 신학이다"라는 말로 반복된다.

교회 안에 음악 전문가는 많은데, 정작 신학과 음악, 양쪽을 이해하는 전문가는 매우 드물다. 찬양 예배 인도자는 싱어롱[sing-a-long]을 인도하는 레크리에이션 강사와 다르고, 콘서트를 이끌어가는 스타와 다르고, 설교를 하는 목회자와도 다르다. 찬양 예배 인도자가 서 있는 매우 중요하고도 독특한 지점을 우리는 제대로 이해해야 한다. 실제로 '워십 리더'라 불리는 찬양 예배 인도자에게 과도하게 부과된 권리 탓에 설교자 이상으로 예배 흐름을 좌지우지 하게 되었는데, 가령 어떤 노래의 후렴을 지나치다 싶을 만큼 많이 반복해서 부른다든지, 멘트의 양이나 질의 문제 등은 오히려 예배의 중심을 흐리게 만드는 문제점으로 지적받기도 한다.

부수적인 문제이긴 하지만 근래 '워십 리더'가 그리스도인 중고생들에게 장래희망직업으로 손꼽힐 정도로(불과 몇 년 전에는 'CCM 가수'가 그 자리를 차지하고 있었다) 찬양인도자를 인기 스타로 여기기 쉬운 것 역시 철저히 경계되어야 한다.

셋째, 전통적 예배 형식의 해체 혹은 변화에서 비롯된 찬양 예배의 양식이 또 다른 형식으로 정형화되고 있다는 점이다. 인터넷으로 중계되는 여러 찬양 예배들을 비교해 보라. 교단에서 정해 준 예배 모범도 없는데도 찬양 예배는 이래야 한다는 식의 전형적 진행이 대부분이다. 조용한 음악이 깔리며 예배가 시작된다. 후렴구부터는 모든 악기가 나오며 강렬한 사운드를 만들어내고 회중들은 눈을 감고 두 손을 높이 들고 찬양한다. 노래를 여러 번 반복해서 부르다가 기도를 하기도 한다. 특별히 인도자가 기도 제목을 말하지 않아도 연주가 시작되면 훈련된 사람들처럼 알아서 다들 기도한다. 기도가 끝나면 또다시 후렴을 여러 번 반복하다가 갑자기 반주가 멈추며 회중들의 목소리로만 찬양한다. 노래가 끝나면 자연스럽게 박수를 친다. 빠른 곡이 시작되면 사람들은 기다렸다는 듯이 환호하며 박수를 치고, 곡에 따라 뛰며 노래하기도 한다. 곡 중간에 악기들의 솔로가 나오면 함성 소리로 화답해주는 건 센스이

자 예의라 여긴다. 그러다 설교자가 나와 메시지를 전하고, 설교가 끝날 때 쯤 기도를 하면 밴드가 다시 입장해 조용한 연주로 분위기를 잡아준다. 조용하게 묵상하며 기도할지, 큰소리로 부르짖으며 통성기도를 할지 결정해 주는 것도 밴드의 연주 양식이다. 예배 말미엔 주변 사람들과 축복송을 부르며 모임을 마무리한다. 찬양 예배에 익숙한 회중들은 순서지가 없어도 대충 다 안다. 어딜 가나 다 똑같기 때문이다. 더구나 이런 적극성이 미덕인 찬양 예배에서 손을 들지 않거나 뛰지 않으면 신앙이 성숙하지 못한, 혹은 예배의 감격을 경험하지 못한 사람 취급을 받는 웃지 못할 경우마저 있다. 개인적으로 가장 불편한 시간은 옆 사람을 바라보며 손발이 오그라드는 멘트와 함께 축복송을 불러줄 때인데, 할 때마다 어색해서 견딜 수가 없다. 전통 예배에 비해 찬양 예배가 전반적으로 의식이 간소화된 것은 사실이지만, 다른 양식의 예배에 대해 오히려 더 경직성을 보이는 경향도 있다. 음악 양식이 진보적이라면 여지없이 영성보다 음악을 추구하는 모임으로 여기기도 하고, 사회적 문제issue를 다루면 예배의 본질을 벗어난 것으로 매도하는 폐쇄적 보수성을 가지기도 한다.

 넷째, 세상과 소통할 가능성이 약화된 것이다. 앞서 언급한 찬양 예배의 경직성과 연장선상에 있는 문제인데, 언젠가 한 목회자에게 '타성에 젖은 경배와 찬양은 아편'이라는 말씀을 듣고 충격을 받은 기억이 있다. 일반적으로 찬양 예배가 추구하는 방향성이 감성적인 면에 강하게 호소하는 부분이나 신비적 체험이나 은사주의로 치우칠 위험성이 많은 점을 간과해서는 안 된다. 실제로 전 세계적으로 영향을 끼친 예배 사역팀이나 인도자의 상당수가 성령운동에 치우친 '은사주의' 계열이기도 하다. 그렇다 보니 예배에서 추구하는 '영적인 깊이'를 종교적 카타르시스와 혼동하는 경우가 많다.

복음의 메시지를 담은 은유적인 가사와 트렌디한 음악으로 세상과의 소통 가능성에 인생을 걸었던 'CCM 가수'들은 하루아침에 거룩한 '예배 인도자'로 변신들을 하셨고, '하나님과 나, 그리고 이웃과 세상'을 고민해야 할 그리스도인들이 '하나님과 나'의 관계에만 집중하게 되었다. 더욱 심각한 문제는, 그런 것을 더 영적인 것이며 신앙의 성숙으로 여긴다는 점인데, 이는 마치 변화 산에서 초막 셋을 짓고 머무르기를 구한 제자들의 어리석음을 닮았다. 하나님의 임재를 경험한 우리는 기꺼이 동산을 내려가야 한다. 동산 아래 마을, 거기에 우리가 만나야 할 사람들이 있다. 동산에서 드리는 예배가 있다면 마을에서 드려야 할 예배도 있음을 기억해야 한다.

'종교의 진정한 발전은 회귀다'라는 명제를 굳이 들먹이지 않더라도 우리가 오해하지 말아야 하는 것은 예배 형식의 변화를 무조건 '우화'羽化, emergence로 볼 수는 없다는 점이다. 현대적인 예배Modern Worship는 전통적 예배Traditional Worship의 진화한 형태가 아니라는 점을 인정해야 한다. 그렇다고 해서 전통적 예배가 '본질'이고, 현대적 예배는 달라진 '형식'으로 인식하는 것 또한 어리석은 것이므로 지금 우리에게 가장 절실한 것은 '성경적 균형감'이라 하겠다. 구도자 예배Seeker's Service, 이머징 워십Emerging Worship, 블렌디드 워십Blended Worship

등의 대안적 방법론에 대한 회의감은 어쩔 수 없다 하더라도 우리는 더 정확한 방향으로 진로를 찾아야 할 의무가 있다.

당연한 말의 반복이지만 이제 한국교회가 집중해야 하는 것은 본질과 형식의 유기적 공존법을 찾아내는 것이다. 형식이 변화되더라도 본질이 훼손되지 않는 가능성을 모색하는 것이 현대교회가 바라보아야 할 최대치의 발전적 목적이 되어야 한다.

"예배는 본질이자 형식이다"라는 이 아이러니한 신비를 이해하지 않고서는 한국교회의 예배회복은 요원하다. 이제 맺어야 할 결론이 양시론의 그늘에서 결코 자유로울 수는 없는, '균형감의 강조' 정도에 그치는 것을 안타깝게 생각한다. 그러나 깊고도 넓고도 오묘한 예배의 신비를 한두 마디로 진단하고 정의하며 방향을 제시하는 것 자체가 애초에 불가능한 시도일 것이기에, 평생을 들여 관찰하고 연구하는 예배자의 길을 기꺼이 선택하려 한다. 여인은 '어디서' 예배하느냐를 궁금해했고 예수 그리스도는 '누구에게', '어떻게' 예배하라고 답했다. 본질의 수호와 형식의 변화를 넘어 '아버지께', '신령과 진정으로' 예배하는 자를 찾으시는 분을 향한 시편 기자의 고백은, 예배란 이 모든 '본질과 형식', '전통과 개혁', '엄숙과 열정'을 품어내고도 남음이 있는 것임을 증명한다. "여호와를 경외함으로 섬기고 떨며 즐거워할지어다"(시편 2:11).

한국교회는 아멘 할지어다.

CCM, 너머 보다, 넘어 보다

(백석대학교 CCM 포럼 '지금 여기, CCM의 표정' 발제 원고)

현대교회의 문화적 이슈 중 음악만큼이나 민감하고도 논쟁적인 주제는 없는 것 같다. 그 중 CCM은 단연 그 모든 논란의 중심에 서 있었고, 관심도, 애정도, 비판도, 정죄도 한 몸에 받아야 했다. 적확한 개념화도 부족했고, 현장에서의 정당한 평가도 미진했으며, 때로는 과장된 기대를 불러일으키기도 했다. CCM이라는 용어 자체의 의미에 대한 거부감이나 불신 또한 만만치 않았고 실제로 본 고장인 미국에서조차 CCM은 그리 일반화된 용어라 보기엔 무리가 있었던 것도 사실이다. 교회가 보는 CCM, 세상이 보는 CCM, 우리 스스로가 보는 CCM 등 다양한 관점과 상이한 필요들이 존재했고, 해석이 다양한 만큼 왜곡의 위험성 또한 컸다. 그러나 이런 내외적 장단에도 불구하고 개인적으로는 CCM이라는 용어를 선호하고 또 사랑한다. 어떤 단어에 주목하느냐에 따라 다양한 각도의 해석과 논의가 가능하다는 점뿐 아니라, 지난 20년에 가까운 시간을 이 단어에 집중하며 달려온 개인적 감회 또한 남다르기 때문이기도 하다.

먼저 CCM의 위치와 개념을 분명히 하고, 현재의 진단과 미래에 대한 전망으로 나아가는 것이 바람직한 수순이라 여겨진다. 때문에 이 글의 제목을 "CCM, 너머 보다, 넘어 보다"로 정했다. 이 말에 한국의 CCM이 놓여 있는 지점, 그 현실과 현상 너머에 있는 본질을 들여다본다는 의미와 CCM이 얽매여 있는 여타의 한계상황들을 뛰

어 넘어보자는 의지의 중의적 의미를 담았다.

몇 가지 미리 밝혀두기 원하는 것은 이 글에서 CCM이라고 표현하는 것은 대부분 '우리 시대에 통용되는 모든 기독교 음악'을 포괄하는 의미로서의 '광의의 CCM'이 아니라 세상과의 소통 가능성을 모색하는 가사와 음악과 메시지를 담은 '협의의 CCM'에 되도록 한정하려 한다. 그리고 '찬양'과 '음악'은 분명히 다른 것이고, '찬양사역'보다는 '음악사역'이 더 정확한 용어이긴 하지만 관용적 표현으로 이 둘을 명확하게 구분하는 것 역시 이 글에서는 중요시하지 않겠다. 그래서 CCM 가수, 찬양사역자, 예배 인도자 등의 용어 구분도 엄밀하게 하지 않을 것이며, 자칫 CCM에 대한 집중력을 떨어뜨릴지 모를 우려 때문에 근래 실제적으로 교회음악의 중심이라 할 수 있는 경배와 찬양, 모던 워십, CWM$^{\text{Contemporary Worship Music}}$ 등으로 불리는 '현대 예배음악'과의 연관성이나 이에 대한 통찰 역시 논외로 하기 원한다.

더불어 고려해 주시길 당부 드리는 점은 필자 본인이 서 있는 특수한 위치 또한 충분히 편협할 수 있는 이 글을 읽는 데 중요한 참고요소라는 점이다. '찬미 선교단'에서 사역을 시작해 CCM 가수 '소망의 바다'로 데뷔해 활동했고, 지금은 선교단이라는 촌스러운 이름을 버리고 예배사역에 좀 더 집중하기로 한 '찬미워십'의 인도자로 섬기고 있다. 그 사이 목사가 되었고, 음악사역자 후진을 양성하는 교수가 되었으며, 현재는 세상을 향해 부르는, 이른바 '크로스오버' 앨범을 발표하며 대중가수로서의 데뷔를 앞두고 있다. 재미있는 사실은 앞서 열거한 일들이 벌어진 18년의 개인사가 한국 음악 사역의 현대사를 압축한다는 점이다.

교회마다 너나없이 '선교단'이란 걸 조직해 악기를 사고 찬양집회를 열기 시작한 1980년대 후반에서 1990년대 초반을 지나며, 새로운 음악 CCM의 등장으로 한국에서의 찬양사역은 더욱 탄력을 받고 활기를 띠기 시작한다. 좋은 음반과 사역자들도 많이 쏟아져 나왔고, 대부분은 대중적인popular 음악과 메시지로 끊임없이 세상을 향해 문을 두드렸다. 물론 그들이 서는 무대는 대부분 교회였고, 그들의 음반 역시 교회 내부에서 소비되었지만, 그들은 작게나마 그 영향력이 세상을 향하기를 꿈꿨다.

그러다 1990년대 말에서 2000년대로 넘어가며 워십이 주류가 되면서 'CCM 가수'들이 하루아침에 '예배 인도자'로 변신했고, '선교단'은 '워십팀'이라는 좀 더 글로벌한 이름을 얻었다. 그리고 '선교단'이란 이름의 사명감으로 나가던 노방찬양, 군부대집회 등은 점차 사라지고, '워십팀'이라는 이름에 걸맞게 철저히 교회 내수용으로 활동하게 된다. 근래 들어 이런 워십 편향성에 염증을 느낀 음악사역자들이 다시 세상과의 소통을 고민하는 움직임이 미미하나마 있기도 하다.

찬양문화가 본격적으로 교회에 유입되던 시기, CCM에 대한 교회의 인식이나 기대는 엔터테인먼트, 그 이상을 넘어서지 못했다. 목회자들 대부분 역시 이 새로운 찬양들을 진정한 신앙의 요소로 인식하기보다 '교회부흥의 도구' 정도의 하위개념으로 인식했던 것

같다. 뿐만 아니라 음악으로 세상을 변화시킬 수 있을 거라 믿었던 사역자들의 부푼 꿈은 현실적 한계 앞에 신기루처럼 스러져갔다. 새로운 찬양 예배 문화는 한국교회 안에 어느 정도 자리를 잡았으나 오히려 음악사역 자체는 현저히 위축되었다.

이것을 벤다이어그램을 통해 설명해 본다.

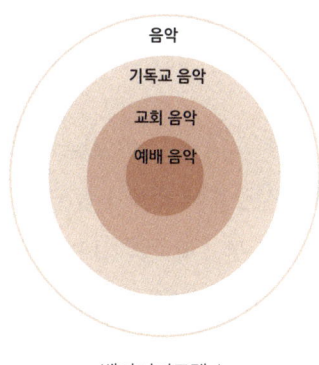

벤다이어그램 1

세상에 존재하는 모든 음악의 주인은 본질적으로 하나님이시다. 그분이 음악을 창조하셨고, 그 일을 자신의 형상을 따라 지은 우리 인간에게 맡겨주셨다. 그러나 안타깝게도 인간의 범죄로 음악 또한 여러 층위로 나뉘었다. 큰 틀에서 '기독교 음악'과 '세속 음악'으로 나뉜 것이 가장 큰 손실이지만, 기독교 음악 안에서조차 여러 층위가 존재한다. (성과 속 또는 특별은총과 일반은총의 이원론 문제도 여기서는 논외로 한다.) 앞서 언급한 것처럼 '기독교 음악'이라 함은 정확한 의미에서 CCM[광의의 CCM]과 동의어로 보아도 무방하다.

CCM의 정확한 의미는 Contemporary Christian Music, 즉 '동시대의 기독교 음악'으로 찬송가, 복음성가, 경배와 찬양, 클래식 성가 등 우리 시대에 통용되는 모든 기독교 음악을 포괄한다. '기독교 음악' 안에 '교회 음악', 그 안에 '예배 음악'의 순으로 표시했으나 이것이 결코 상하 개념이나 더 중요하고 덜 중요한 순이 아님을 전제로 하고 논의를 이어간다. 문제는 큰 집합으로 나누어 놓았으나 더 세분할 수 있는 음악들, 혹은 음악 장르를 어디에 둘 것인가 하는 데서 논란의 여지가 발생한다.

가령 가장 바깥에 속한 '교회 음악 밖 기독교 음악'의 경우, 정통 가톨릭은 배제하더라도 성공회나 떼제 공동체 등 개신교 성향의 가톨릭 계열의 음악, 심지어 무교회주의자나 유형의 교회를 이루지 못하는 박해받는 공동체들의 노래와 같은 '개신교회 밖 기독교 음악' 등이 여기에 포함될 수 있다.

논란이 더욱 분분한 쪽은 역시 '교회 음악'과 '예배 음악'의 경계다. 어떤 음악들은 예배에 적합하지 않다는 주장과 예배란 그 모든 음악적 다양성마저 포용하는 것이란 주장이 맞섰다. 여기에 '협의의 CCM'이 개입되면 역학관계는 매우 복잡해진다. 극단적인 이들은 '협의의 CCM'의 위치를 '교회 음악 밖 기독교 음악'에 한정하고 싶어할 것이고, 어떤 이들은 최소한 '예배 음악 밖 교회 음악' 정도에라도 두려고 할 것이다.

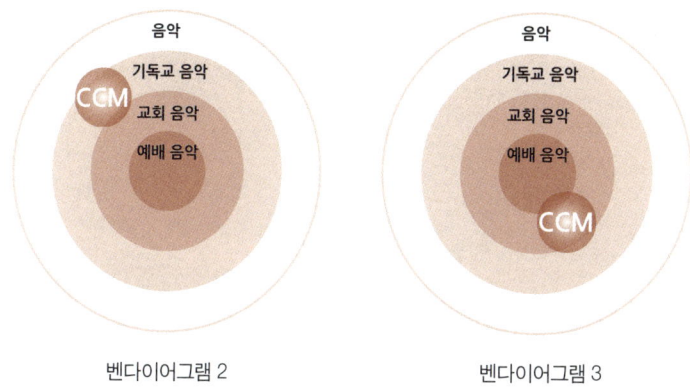

벤다이어그램 2   벤다이어그램 3

반대로 '협의의 CCM'을 '예배 음악' 안에 두고 싶은 이들도 있을 것이다.

벤다이어그램 4

또한 이를 교집합으로 보느냐, 합집합으로 보느냐에 따라서 교회 내에서의 CCM의 위상이나 중요성을 평가하는 기준이 현저히 달라질 것이다.

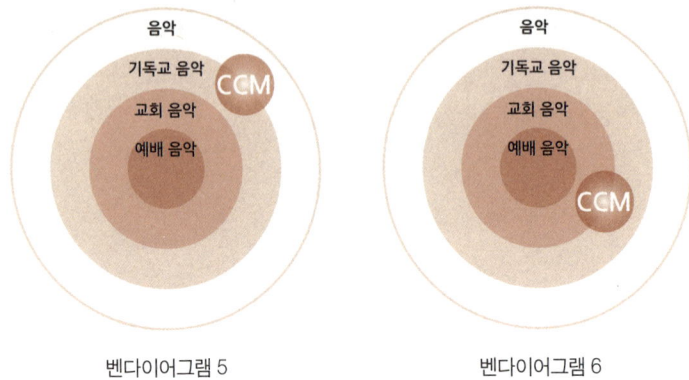

벤다이어그램 5   벤다이어그램 6

벤다이어그램 7

    가령 CCM의 위치를 2, 3, 4번의 경우처럼 제한하지 않고, 5, 6, 7번과 같이 유연성을 가지게 한다면 음악사역을 통해서 우리가 헌신할, 또한 하나님이 일하실 가능성도 풍성해진다. 새 신자 초청 예배나 구도자 예배 때 종종 유명한 대중가요가 연주되는 걸 볼 수 있는 것처럼, 그런 노래들을 대체할 수 있는 좋은 CCM이 필요하다. (물론

'구도자 예배'가 온전한 예배인가 아닌가의 논란 역시 여기서는 논외로 한다.)

 5번 경우처럼 기독교 신앙에 대한 구체적인 언급 대신 일반화된 이야기를 하지만 비그리스도인들이 듣고 부를 수 있는 노래가 필요하다.

 7번 경우처럼 그리스도인의 일상적인 고백이지만 예배 때, 공동체 전체의 고백으로 사용될 수 있는 노래도 필요하다.

 이에 대한 논의를 좀 더 명확하게 하기 위해 CCM의 정의를 다시 한 번 정리해 본다.

 Contemporary Christian Music. 서론에서 잠시 언급한 것처럼 이 정의는 어디에 초점을 두느냐에 따라 다양한 각도로 해석할 수 있다.

 Contemporary에 집중할 때, 가사와 메시지의 시대성이라든지, 사회·문화적 흐름, 과학·기술·정보의 진보, 트렌드의 민감성, 전통과의 연속성, 세대·민족·종교·인종 간의 통용성과 의사소통^{communication}의 문제 등 우리 시대가 당면하고 있는 복잡다단하고 더 입체적인 문제들을 직면해야 한다. 시대를 통찰하는 생각^{mind}과 정신^{spirit}이 필요한 대목이다.

 사실 우리가 체감한 Contemporary는 현상적으로 드러난 현대적 음악의 유입과 교회가 겪은 진통과 변화 정도가 전부였다. 시대성에 제대로 부합하지 못한 채 소모적인 음악 장르 논쟁 차원에서 그쳐버린 것이 안타까울 따름이다. 유행에 민감하거나 트렌드를 주도한다는 느낌이 강한 Modern의 개념에 대비되는, 세대와 지역과 문화 전반을 더 포괄하는 개념인 Contemporary 정신의 구현이야말로

CCM의 가장 중요한 정체성이기 때문이다.

　Christian에 집중할 때 맞닥뜨리게 되는 가장 큰 문제는 그리스도인이 만드느냐 또는 그리스도인이 향유하느냐. 쉽게 말해 이 부분을 해석할 때 '동시대의 기독교인이 만드는 음악'이냐, '동시대의 그리스도인을 위한 음악'이냐의 문제라는 것이다. 이 문제는 자세히 따지고 들면 매우 민감하다. 가사나 내용에 상관없이 그리스도인이 만들기만 하면 CCM인가의 문제가 제기되기도 했고, 예수 그리스도를 주인으로 고백하지 않는 이들이 듣고 부르는 것은 무의미하다는 의견도 있었다.

　가령 불신자 가수가 아무리 멋진 목소리로 "나 같은 죄인 살리신"을 부른다 하더라도 그것이 과연 찬양일 수 있는가 하는 물음처럼, 노래의 주체는 창작자 본인인가 해석자의 문제인가는 물음으로만 존재할 수 있는 난제로 남았다. 가장 일반적이라고 할 수 있는 '기독교 정신을 구현하려는 그리스도인이 만든 현대적 노래'라는 정의조차 일면 합당한 정의 같지만 또 다른 면에서는 제한적이다.

　예술 영역에서 '의도'는 매우 중요하다. 그러나 동시에 예술이기에 '의도'는 전혀 중요하지 않을 수도 있다. 예술에는, 혹은 인간의 모든 삶에는 지성이나 의지만큼이나 중요한 감성의 영역이 존재하고, 이것 역시 우리의 창조주에게서 비롯된 것이다. '굳이 기독교 정신을 구현하려는 의도까지는 없었으나 거듭난 그리스도인이 하나님의 은혜 아래서 느낀 감정을 자연스럽게 노래로 표현한 것'도 CCM일 수 있다. 재미있는 것은 창작자 본인에게는 본래 그런 의도

288

가 없었는데, 그 노래를 듣는 이들의 해석으로 그 노래에 전혀 새로운 의도가 생기기도 한다는 사실이다. 더 재미있는 것은 시간이 지난 후에, 혹은 어떤 특별한 계기로 작자 본인에게도 처음과 달리 어떤 의도와 의지가 생겨날 수 있다는 점이다. 노래는 창작자의 것임과 동시에 해석자의 몫이다. 우리는 CCM을 지나치게 '목적성' 아래 가둬두려는 시도를 그쳐야 한다.

여태껏 교회 안에서 뜨거웠던 CCM 관련 논쟁들은 실은 대부분 Music에 관련된 것이라 해도 과언이 아니다. 이 부분이 중요하지 않은 것은 아니지만 지나치게 이 문제만 조명하고 관심을 기울이다가 더 중요한 것들을 많이 놓치는 우를 범했다. 가장 먼저 만나게 되는 문제는 단연 음악 장르 논쟁이었고, 이에 대한 반론으로 음악의 '가치중립성'을 강조하며, '모든' 음악으로 하나님을 찬양할 수 있다는 옹호론자와 '어떤' 음악으로만 예배할 수 있다는 비판론자의 대립은 나름 첨예했다. 물론 이 또한 대세에의 수용 정도 차원에서 유야무야된 것이 다행스러운 한편 아쉽기도 하다.

우리는 여기서 한 걸음 더 나아가야 했다. 음악의 가치중립성을 주장하는 이들은 가사만으로 모든 것이 판단된다는 손쉬운 결론을 내렸다. 나 역시 이십 대엔 가치중립론의 철저한 신봉자였고, 그래서 음악사역자면서도 오히려 음악 자체보다 가사에 더 집중했다. 스스로 CCM을 Contemporary Christian Message로 정의할 만큼 천착했던 가사의 중요성, 아무리 강조해도 지나치지 않으리라 믿었던 그 굳건한 믿음이 어느 순간부터는 오히려 본질을 흐릴 수 있는 유인 요소가 될 수도 있다는 생각에 이르렀다. 당시 관심사였던 음악 장르 논쟁 같은 소모전을 치러내기에도 버거워 더 크고 중요한 것을 놓치고 있었던 것이다. 마치 앞서 살펴본 벤다이어그램의 틀 속에 갇혀 교집합의 영역을 조금이라도 더 확장해 보려고 몸부림치는 듯한 모습이 아니었나 싶다.

은유와 직설의 경계에서 CCM이, 혹은 CCM의 가사가 복음을 전하는 완전한 메시지로서의 매개인가, 아니면 사람들의 마음을 열어주는 전 단계로서만 유용한 도구일 뿐인가를 고민하고 있었다. 은유적인 노래면 6번 그림에, 직설적인 가사면 7번 그림에 가깝다는 정도의 생각 수준에서 노래들의 효용과 영향력을 가늠해 보곤 했다.

그러다 가치중립성에 대한 신뢰가 약화되며 꼭 신앙적, 복음적 가사가 아니더라도 그리스도인으로서의 나를, 내 감정을, 내 생각과 의지를 전할 수 있지 않나 하는 생각에 가 닿게 되었다. 그리고 그 노래가 향하는 것이 사람의 마음이든, 주님의 보좌든 크게 관계 없다는 것 또한 깨달아가고 있었다. 사람들을 향할 때는 은유, 하나님을 향할 때는 직설, 사람을 향할 때는 팝 음악, 하나님을 향할 때는 클래식 음악 하는 식의 이분법에도 서서히 균열이 일어나기 시작했다. 더 나아가서는 굳이 가사에 담아내는 메시지에 집착하지 않아도 그리스도인으로서 내가 만드는 음악이 가진 영성을 조금 더 신뢰하게 되었다. 말하자면 '영성의 가치중립성'이랄까. 음악을 알면 알수록, 하면 할수록 음악 자체가 가진 영성(까지는 아니더라도)을 인

정하지 않을 수가 없게 된다. 공격적인 록 음악이 가진 위험성만큼이나, 안정적인 클래식 음악이 가진 위험성도 크다. 음악이 불러일으키는 감정적 흥분만큼, 역으로 마취나 환각 또한 무서운 것이다. 이것을 중화하고 다스리고 바르게 처방하고 복용하는 것이 이 시대의 CCMER들이 할 일이다.

나는 음악의 가치중립성을 부정하는 관점으로 전향하지는 않았다. 오해가 없기를 바란다. 오히려 근래 워십 음악의 범람으로 가사의 깊이와 메시지의 무게감이 현저히 저하된 점을 심각하게 우려하고 있다. 같은 가사에 대한 지나친 반복과 적나라하게 단순하고 직설적이기만 한 초보적인 가사들, 교회 일주일만 다니면 누구라도 쓸 수 있을 법한, 초등학교 5학년 수준의 가사들이라 표현한다면 내가 너무 심한 것인가. 물론 복음의 진리는, 또한 사랑하는 대상에 대한 최고의 표현은 단순하고도 직설적인 것이고, 또 그렇게 표현할 때 힘이 있다. 그러나 그것 밖에 없다면? 평생을 함께해 온 부부가 "사랑해"라고 말하는 직설적인 표현 하나 제대로 못 하는 것도 문제지만, 그 말 밖에 못 하는 건 더 큰 문제다. 때로는 시를 쓰고, 세레나데를 부르며, 때로는 정성을 다한 선물을 사고, 깜짝 놀랄 이벤트를 준비하는 것이 소중한 사람을 향한 사랑의 표현이다. 모든 사람에게 이런 특별함을 요구하는 건 무리겠지만, 예술로 하나님을 높이기 원하는 이들에게서조차 이런 노력의 흔적을 찾아볼 수 없다는 점은 참으로 유감이다.

우리는 음악가이자 동시에 메신저로서 다양하고도 진실한 메시지를 길어내는 데 기꺼이 인생을 걸어야 한다. 또한 메신저로서의 사명감만큼이나 음악가로서 영혼과 마음과 손과 발을 움직일 수 있는 좋은 음악을 만들어내고자 하는 완성도에 대한 의지를 불태워야 한다.

　이제 이야기를 정리하고자 한다. 몇 년째 입에 달고 사는 말이 '착한 노래'이다. 착한 노래를 얘기하고 있으나 정작 그게 무엇인지 스스로도 잘 모르겠다. 현대교회와 설교의 목표가 착한 사람들을 조금 더 착하게 하는 데 있는 것 같다는 어느 신학자의 우려처럼 우리의 노래도 그 정도 어디쯤에서 그치진 않을까 하는 염려가 앞선다. 일반대중음악에서 느낀 감동이나 교훈과 CCM을 통한 영적인 감동, 삶의 변화를 구분할 수 있는가 하는 물음 앞에 늘 주춤하게 된다. 우리의 노래 속에서 하나님께서 직접 일하시고 만지시는 영적인 영역의 일은 차치하고서라도 어떤 노래를 만들고 부르는 것이 그분의 뜻을 이루는 것인지 묻고 또 묻게 된다.

　애초에 협의의 CCM은 교회 안에서 불리는 것이 목적이 아니었던 것을 감안한다면 과감히 교회 주류문화로부터 세상으로 '역 출애굽' 해보자. 가끔 후배나 제자들에게 하는 '인디 뮤지션에게 배우라'는 조언은 이 글에서 역시 유효하다. 그들의 일상성을, 진정성을 따라잡아보자. 그들 식의 표현대로 '지속가능한 딴따라질'을 고민하자. 기득권을 누리며 호사하는 정치가가 젊은 시절 고생한 이야기를 무용담처럼 늘어놓을 때 느끼는 참담함처럼, 종종 중년을 넘어선 가수가 부르는 흔해 빠진 사랑과 이별의 노래가 허망하게 느

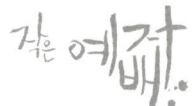

껴지는 것은 진정성에의 몰입이 느껴지지 않는 까닭이다. 우리의 노래가 그들의 노래와 근본적으로 다른 이유는 삶과 신앙의 연장선 상에서 부르는 노래이기 때문임을 믿는다. 노래로 흘러나오고 노래와 함께 자라나는 삶이라면, 세상 어떤 노래도 결코 범접치 못할 진정성 아니겠는가.

   예를 들어보자면, 진정한 그리스도인이 된 후 만들어낸 음악가 하덕규의 연작 음반들은 단순히 우리의 노래가 노래뿐 아닌 '삶'이며 '길'이며 '꿈'임을 확인하는 증빙 자료가 된다. 가시나무 무성한 〈숲〉[1988]으로부터 시작한 여정은 그분 안에서 참된 〈쉼〉[1990]을 찾고, 바람 부는 〈광야〉[1992]를 지나 촛불 앞에 돌아와 앉고, 〈집〉[1997]에서 새로운 숲을 이루며, 누구도 외딴섬이 아님을 깨닫게 된다. 그리고 마침내 자신이 떠나온 숲과 지나온 광야와 다다를 본향 집을 잇는 〈다리〉[The Bridge, 2000]를 노래하게 된다.

다리

하덕규 사곡

하늘과 사람 사이

사람과 사람 사이

자연과 사람 사이

사람과 그 사람의 속사람 사이

다리가 있었네

다리의 이름은 사랑

사랑이라 부르네

그 사랑의 이름 예수

– 〈Painter〉(2001)

이런 여정 자체가 CCM이다. 이제 나와 당신이 걸어가야 할 길을 거두어 보라. 원래 이 글의 제목은 'CCM은 없다?!'였다. 음악사역계의 캄캄한 현실, 바닥을 치는 음반 판매량과 도무지 흥행이 되지 않는 콘서트, 줄어드는 집회, 십 년 가까이 보이지 않는 새로운 얼굴new face, CCM 관련 학과는 많이 창설되었지만 출신 사역자를 찾아보기 힘든 현실은 가히 서글플 지경이다. 그러나 계속 걷다 보면 길 아닌 것이 길이 된다는 루쉰의 말처럼, 오히려 글을 쓰다 보니 한 줌 희망을 길어 올리게 된다.

나는 꿈꿔본다. 벤다이어그램 속 CCM의 교집합 영역을 확장시켜줄, 아니 더 나아가 벤다이어그램 자체를 관통하는 '슈퍼멀티울트라 뉴 페이스 음악사역자'의 출현을 기대해 본다.

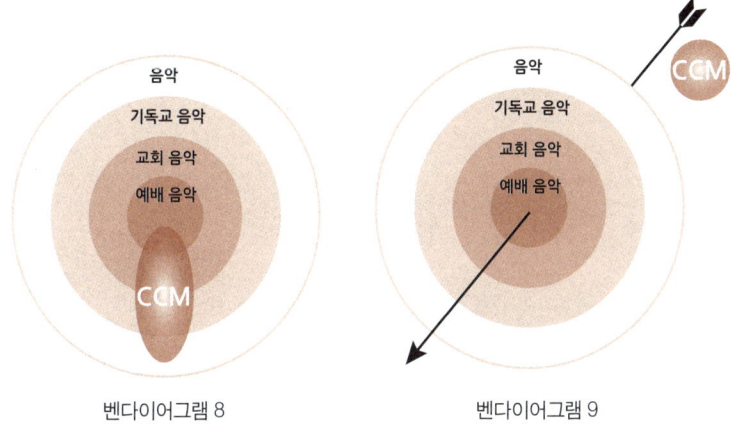

벤다이어그램 8   벤다이어그램 9

    지금의 젊은이들은 말 그대로 다중작업$^{multi\ tasking}$이 가능한 세대 아닌가? 자신이, 그리고 자신 안의 하나님의 형상이 다양한 음악과 이야기로 옷 입기를 바란다. 때로는 하늘을 향해, 때로는 사람을 향해, 때로는 자연을 향해, 때로는 자기 안에 살고 있는 속사람을 향해 부르기를 바란다. 때로는 자신의 추악함을, 때로는 하나님의 거룩함을, 때로는 사랑의 설레임을, 때로는 이별의 서글픔을, 때로는 가족의 애틋함을, 때로는 세상의 부조리를 노래하기를 바란다. 자신의 숨과 삶으로 부르는, 자신이라는 여과기^{filter}를 통과한 노래는 어떤 것일지 궁금하지 않은가.

작은 예배자

초판 발행	2011년 12월 5일
초판 20쇄	2023년 9월 20일
지은이	민호기
발행인	손창남
발행처	(주)죠이북스(등록 2022. 12. 27. 제2022-000070호)
주소	02576 서울시 동대문구 왕산로19바길 33, 1층
전화	(02) 925-0451 (대표 전화)
	(02) 929-3655 (영업팀)
팩스	(02) 923-3016
인쇄소	시난기획
판권소유	ⓒ(주)죠이북스
ISBN	979-11-982545-8-0 03230

책값은 뒤표지에 있습니다.
잘못된 도서는 교환하여 드립니다.
이 책 내용을 허락 없이 옮겨 사용할 수 없습니다.